L'INTERPRÉTATION

DANS LA MÊME COLLECTION

L'histoire, sous la direction de Gilles Marmasse, 240 pages, 2010.

Les émotions, sous la direction de Sylvain Roux, 240 pages, 2009.

L'expérience, sous la direction de Laurent Perreau, 240 pages, 2008.

L'individu, sous la direction d'Olivier Tinland, 200 pages, 2008.

L'image, sous la direction d'Alexander Schnell, 216 pages, 2007.

La justice, sous la direction de Patrick Wotling, 200 pages, 2007.

Le temps, sous la direction d'Alexander Schnell, 240 pages, 2007.

Le bonheur, sous la direction d'Alexander Schnell, 240 pages, 2006.

Le principe, sous la direction de Bernard Mabille, 240 pages, 2006.

La pulsion, sous la direction de Jean-Christophe Goddard, 240 pages, 2006.

Le corps, sous la direction de Jean-Christophe Goddard, 256 pages, 2005.

THEMA Θέμα THEMA Θέμα THEMA Θέμα THEMA Θέμα

L'INTERPRÉTATION

sous la direction de

Patrick WOTLING

PARIS
LIBRAIRIE PHILOSOPHIQUE J. VRIN
6 place de la Sorbonne, Paris V[e]

2010

Imprimé en France

ISSN 1772-631X
ISBN 978-2-7116-2308-2

www.vrin.fr

AVANT-PROPOS

Chaque volume de la collection *Thema* propose une approche plurielle d'une notion susceptible d'être mise au programme des enseignements de philosophie générale. Il regroupe un nombre limité de contributions relatives chacune à l'analyse et à l'interprétation d'un moment significatif de l'histoire philosophique de cette notion. Afin de rendre plus évidentes à la fois l'unité théorique et la fécondité de la notion, ces études historiques sont distribuées sous des sous-titres qui sont autant de pistes pour une étude plus approfondie.

Stéphane Marchand, *Saint Augustin et l'éthique de l'interprétation*

L'importance de Saint Augustin dans l'histoire de l'interprétation a souvent été soulignée, au point de constituer une référence majeure de la philosophie herméneutique. L'article propose, dans un premier temps, une élucidation de l'exégèse augustinienne à partir des règles de lecture énoncées dans *La doctrine chrétienne*. L'herméneutique augustinienne suppose un travail spirituel du sujet sur lui-même qui doit se mettre à la hauteur du sens qu'il recherche et qui aboutit donc à une éthique de l'interprétation. Mais le modèle herméneutique proposé par Augustin ne s'arrête pas là. L'interprétation peut, en outre, être élargie à d'autres objets que le texte biblique : c'est en suivant la voie de l'interprétation que les *Confessions* proposent de comprendre le monde dans lequel nous vivons, notre existence et même l'Histoire. La pratique herméneutique augustinienne permet, enfin, de prendre la mesure de la logique toute particulière de la « raison herméneutique » où le sens – résultat de l'interprétation – est conditionné par l'expérience de la vérité.

Ariel Suhamy, *Sens et vérité : l'interprétation selon Spinoza*

Il est communément admis que la méthode d'interprétation que Spinoza énonce dans le chapitre VII du *Traité théologico-politique* porte exclusivement sur le « sens » et non sur le vrai. Il y aurait ainsi deux champs à ne pas confondre : la philosophie qui s'occupe de l'explication, la théologie de l'interprétation. Mais comment Spinoza peut-il reconnaître un sens à certains enseignements bibliques (par exemple, le Dieu jaloux), tout en rejetant du point de vue philosophique cet enseignement non pas tant dans le faux que dans le pur non-sens ? Comment peut-il se livrer, d'autre part, à de véritables explications philosophiques du texte biblique, comme à propos de l'histoire du premier homme ? Cet article dresse des ponts entre la méthode d'interprétation biblique et l'explication de l'erreur que fournit l'*Éthique*, et invite à dépasser l'opposition tranchée entre l'interprétation et l'explication. Le sens n'est pas autre chose que le vrai, en tant qu'il se trouve singularisé par l'histoire et réfracté dans la pensée d'autrui, objet de conjecture et de charité.

Christian Berner, *« Interpréter est un art ». Les grandes lignes de l'herméneutique de Schleiermacher*

L'herméneutique de Schleiermacher est art d'interpréter pour comprendre le discours d'autrui. Elle cherche à établir la *signification* du discours « étranger », tablant sur une volonté de communication et donc, pour l'auteur, d'être compris. Le discours doit alors intégrer les indications permettant de l'interpréter. Dans cette perspective, Schleiermacher élabore des règles de l'interprétation, invitant par exemple à poser initialement la mécompréhension, à comparer le détail et le tout… Comprendre consistera à reconstruire de discours dans sa nécessité, l'herméneutique étant une méthode guidant l'interprétation : pour interpréter, on comprendra par exemple le discours à la fois à partir de ce qu'il y a de plus général, comme la langue (interprétation grammaticale), et à partir de l'individuel, du sujet qui transforme la langue (interprétation technique), ces interprétations procédant tour à tour en devinant des éléments singuliers ou en les comparant. En reconstruisant ainsi le sens, l'herméneutique joue un rôle fondamental dans le devenir de la culture.

Céline Denat, *« Notre nouvel "infini" » : Connaissance et interprétation dans la pensée de Nietzsche*

Contre l'idée d'une réalité et d'une vérité absolues, Nietzsche montre qu'il n'existe *rien de plus* que des interprétations – qu'un "infini" interprétatif. Nulle pensée ne saurait en effet s'abstraire de « l'angle du regard » qui lui est propre, plus précisément des besoins qui l'informent ; car l'être pensant est avant tout un être vivant, dont les modes de pensée sont autant de « conditions de vie ». Nietzsche radicalise ainsi le sens usuel de la notion d'interprétation, en montrant que l'activité interprétative, entendue comme activité vitale et pulsionnelle, joue en *toute* connaissance, fût-elle sensible et prétendument « immédiate ». Ce faisant, il repense également le statut et les exigences inhérentes au connaître. Loin de tout relativisme et de tout scepticisme, Nietzsche montre que l'inéluctable variété des interprétations est susceptible d'une évaluation d'ordre à la fois théorique et pratique, dont les critères permettent pour finir de comprendre la légitimité et la cohérence de l'hypothèse interprétative nouvelle que lui-même entend proposer.

Emmanuel Salanskis, *Freud interprète : logique d'une expansion*

Dans cet article, nous tâchons d'étudier l'extension de la technique d'interprétation de Freud, d'abord élaborée au contact des rêves et des symptômes névrotiques, puis appliquée de manière plus souple à la vie quotidienne et à la culture. Ce rayonnement du procédé pose en effet un problème épistémologique, puisqu'une analyse rigoureuse doit, de l'aveu même de Freud, s'appuyer sur les libres associations de l'intéressé, et suppose ainsi sa présence en personne dans le contexte de la cure. Mais si les incursions hors de ce cadre ne peuvent revendiquer qu'un statut épistémique diminué, on peut se demander ce qui a poussé le fondateur de la psychanalyse à les faire. Nous tentons ici de montrer que cette expansion interprétative obéit à une logique de validation de la découverte : afin de faire valoir la vérité générale des enseignements de son cabinet, Freud donne à entendre les nombreux échos qu'ils rencontrent dans le monde public, offert à tous les yeux.

Isabel Weiss, *En suivant la piste du jeu: le débordement herméneutique selon Gadamer*

Hans-Georg Gadamer a profondément inscrit la question de l'interprétation au centre de la pensée philosophique en montrant que la connaissance qui résulte de la compréhension des textes, des œuvres d'art ou des événements historiques était inséparable du mode d'être de l'objet interprété. Le sens aussi bien que la chose même «débordent», et le débordement signifie à la fois, et suivant une intrication mystérieuse, se tenir debout de façon autonome et rester ouvert au dialogue, à la reprise indéfinie, au jeu. La compréhension philosophique suit le chemin du statut ontologique de l'œuvre: celui de la représentation et de la surexposition. Tout ce qui existe véritablement forme une ressource inépuisable de sens qui ne se laisse encercler par aucun arbitraire et par aucune empathie subjective. Le jeu n'est pas fait d'avance, n'est pas aléatoire non plus, et le joueur ne domine pas le jeu. Dans le jeu interprétatif, il s'agit de participer au faire du jeu, d'accepter d'être conduit par un autre, afin que dans la vérité de la chose se réfléchisse celle que nous tissons sur nous-mêmes.

Véronique Le Ru, *La science et la question de l'interprétation*

La science nous fait-elle connaître les choses ou ne nous donne-t-elle à penser qu'une interprétation des choses ? Autrement dit, la science nous donne-t-elle accès aux choses mêmes ou seulement aux rapports que nous avons aux choses. Cette alternative engage trois termes: la science, les choses et « nous » (c'est-à-dire l'ensemble des hommes) et nous invite à interroger la manière dont on peut penser les liens entre la science et les choses, entre les choses et nous, entre la science et nous. Le premier lien conduit à se demander si la science est la connaissance des choses, le deuxième si la science modifie notre rapport aux choses, enfin le troisième si la science ne nous fait connaître que notre rapport aux choses. En d'autres termes, la science étudie-t-elle directement les choses appartenant à une réalité extérieure ou seulement notre rapport à ces choses? En d'autres termes, avons-nous accès à des faits indépendants de nous ou Nietzsche a-t-il raison de dire qu'il n'y a pas de faits mais seulement des interprétations?

SAINT AUGUSTIN
ET L'ÉTHIQUE DE L'INTERPRÉTATION

Legebam et ardebam[1]

À quoi accédons-nous quand nous interprétons? La notion d'interprétation suppose par elle-même un soupçon sur la possibilité d'accéder à la vérité des choses et c'est pour cette raison qu'elle substitue, à la figure de la vérité, celle du sens. Il y a, en effet, à interpréter quand l'évidence de la vérité fait défaut, quand l'accès au sens est le résultat d'une démarche, sinon subjective, du moins personnelle. Toute interprétation implique-t-elle pour autant de renoncer à la vérité, et toute théorie de l'interprétation est-elle de ce fait relativiste ou encore sceptique? Bien au contraire, la pratique augustinienne de l'interprétation subordonne avec vigueur l'accès au sens à l'expérience de la vérité. Pour lui, l'interprétation est d'abord une recherche spirituelle de la vérité portée par l'Écriture, c'est-à-dire par la parole de Dieu. Pour autant, sa pratique de l'interprétation n'est pas circonscrite à la seule opération de la lecture de la Bible et dans sa pensée une interprétation est à l'œuvre pour comprendre d'autres réalités que les textes. Les penseurs de l'herméneutique contemporaine reconnaissent d'ailleurs en Augustin un précurseur[2], et cette filiation encourage à

1. « Je lisais et je brûlais », Saint Augustin, *Les Confessions*, IX, iv, 11. Sauf exception, signalée en note, nous citons Augustin dans la traduction de la « Bibliothèque Augustinienne », Bruges-Paris, Desclée de Brouwer, Institut des études augustiniennes, 1936 *sq.*

2. Pour une analyse de cette filiation, voir J. Grondin, *L'universalité de l'herméneutique*, Paris, PUF, 1993, p. 28-41.

étudier pour elle-même la théorie augustinienne de l'interprétation et ses effets sur sa philosophie.

Cependant, l'extension de la notion d'interprétation au-delà des limites régionales d'une théorie de la compréhension des textes demande de ménager des passages entre le texte et la réalité ; et rien, de prime abord, ne permet d'établir une continuité entre ces deux objets. L'œuvre est la production d'un auteur dépositaire, en principe, de son sens, ou du moins d'une intention de sens ; la réalité en revanche se caractérise par une nécessité naturelle dont rien ne dit que le sens corresponde à une intention, ni même qu'elle ait un auteur. Et pourtant, si, comme Augustin, nous nous rendons attentifs à certaines dimensions de la réalité, si nous cherchons à comprendre au plus haut point le monde et notre situation dans le monde, nous devrions interpréter. En effet, « l'interprétation, écrit Paul Ricœur, est le travail de la pensée qui consiste à déchiffrer le sens caché dans le sens apparent, à déployer les niveaux de signification impliqués dans la signification littérale »[1] ; l'expérience de l'insuffisance ou de l'obscurité du sens littéral des choses, la difficulté de comprendre notre existence et le monde dans lequel elle prend place, rendent nécessaire la pratique de l'interprétation dans l'espoir de voir le sens caché dont parle Ricœur, c'est-à-dire d'accéder à la profondeur de la réalité. Or, dans les *Confessions*, Saint Augustin témoigne de ce travail de déchiffrage où la Bible, sa propre existence et la création toute entière peuvent être lues comme des textes riches de sens[2]. Cette compréhension – qui accompagne l'expérience de la conversion – ne suppose pas simplement d'accéder à un sens possible des choses, mais demande plus radicalement d'être pensée comme une expérience de la vérité qui engage tout notre être. Cette démarche existentielle implique une

1. *Le conflit des interprétations*, Paris, Seuil, 1969, p. 16.

2. *Cf.* B. Stock qui étudie de manière exhaustive le paradigme de la lecture qui imprègne toute la pensée d'Augustin dans *Augustine the Reader: Meditation, Self-Knowledge, and the Ethics of Interpretation*, Cambridge-London, The Belknap Press of Harvard UP, 1996.

conception de la vérité qui dépasse le domaine de la pure connaissance et qui met en jeu notre propre bonheur [1].

Mais pourquoi faire dépendre l'expérience de la vérité d'une pratique de l'interprétation? Et placer cette pratique au plus près de l'expérience religieuse, n'est-ce pas diminuer considérablement les prérogatives de la raison? Peut-être pas autant qu'il est coutume de le croire, car si la pratique augustinienne de l'interprétation implique la foi, elle n'en est pas moins une forme particulière de rationalité. Elle répond, en effet, à une épreuve de la raison : celle du doute. Car c'est la raison qui le pousse à se réfugier dans le scepticisme [2], quand il se sépare des Manichéens en 383, tout comme c'est rationnellement qu'il comprend la difficulté de se maintenir dans une telle situation [3]. Mais Augustin a compris que pour sortir du scepticisme, il ne suffit pas d'en montrer la contradiction; c'est pourquoi il en fait une faute morale qui consiste à placer la peur de se tromper avant l'amour de la vérité, comme si la suspension du jugement pouvait satisfaire quiconque. Ce n'est qu'en comprenant que la question de la vérité est aussi une question affective et existentielle que, selon Augustin, nous pouvons échapper au scepticisme. Pour cette raison et parce qu'il s'agit, avant de connaître la vérité, de l'aimer [4], sa recherche suppose fondamentalement une éthique de l'interprétation: la vérité n'est accessible qu'à celui qui sait s'en rendre capable. Nous essaierons de tracer les contours de cette éthique de l'interprétation et de ses prétentions à permettre l'accès à la vérité en nous appuyant tout d'abord sur la pratique exégétique de Saint Augustin, puis en étudiant d'autres formes d'interprétation à l'œuvre dans sa pensée, en dégageant, enfin,

1. Cf. *Les Confessions*, X, xxiii, 33 : « c'est que la vie heureuse est la joie née de la vérité ».

2. Cf. *Les Confessions*, V, x, 19, « Et puis en fait, surgit en moi aussi la pensée qu'ils ont été plus prudents que tous les autres, les philosophes appelés Académiciens, en estimant qu'il faut douter de tout, et en décrétant que l'homme ne peut rien saisir de vrai » ; voir aussi *De la vie heureuse*, I, 4.

3. Cf. *De l'utilité de croire*, VIII, 20.

4. À l'origine de cette position, il y a la thèse fondamentale d'Augustin : « mon poids, c'est mon amour; c'est lui qui m'emporte où qu'il m'emporte (*pondus meum amor meus; eo feror, quocumque feror*) », *Les Confessions* XIII, ix, 10.

comment la pensée de l'interprétation amène, selon Augustin, à définir les conditions subjectives de la compréhension de la vérité.

EXÉGÈSE ET HERMÉNEUTIQUE AUGUSTINIENNES

Pour étudier la théorie augustinienne de l'interprétation, il convient de commencer par *La Doctrine chrétienne* qui éclaire le projet d'exégèse biblique à la lumière d'une théorie générale de la compréhension sous la forme d'une théorie du signe. Une fois établie la nécessité d'ériger des règles d'interprétations (*praecepta tractandarum scripturarum*)[1], Augustin définit les objets qui appellent une interprétation et la manière dont celle-ci doit procéder. Or, il n'y a d'interprétation que de l'obscur ou de ce qui est, d'une manière ou d'une autre, pris dans une relation de signification. En effet, dans cette dernière, le lecteur n'accède pas immédiatement à ce qui est signifié puisque le signe introduit un moyen terme entre le lecteur et le sens, la compréhension du signe supposant dès lors de porter ses regards au-delà du signe en tant que tel :

> traitant maintenant des signes, je demande qu'on ne porte pas son attention sur ce que sont les choses, mais plutôt sur le fait qu'elles sont des signes, c'est-à-dire sur ce qu'elles signifient. Un signe, en effet, est une chose qui, outre l'impression qu'elle produit sur les sens, fait qu'à partir d'elle quelque chose d'autre vient à la pensée (*aliud aliquid ex se faciens in cogitationem venire*)[2].

La compréhension d'un signe demande donc de ne pas s'arrêter à sa matérialité et implique la capacité de ne pas regarder ce que sont les choses, mais plutôt ce qu'elles désignent et qu'elles ne sont pas. Or dans le cas de signes intentionnels (*signa data*) – qu'Augustin distingue des signes naturels où l'inférence entre deux objets est naturelle, sans qu'aucune intention ne préside à ce lien – ce qui est signifié est une intention. La norme de la compréhension est alors réglée par la volonté d'approcher au plus près « le mouvement de l'esprit (*motus*

1. *La doctrine chrétienne*, Prologue, 1.
2. *Ibid.*, II, i, 1.

animi) »[1] de l'auteur du signe. Cette théorie du signe et de la compréhension permet donc, dans un premier temps, de relativiser la proximité entre la pratique augustinienne de l'interprétation et le principe de l'herméneutique moderne qui se propose de « comprendre un auteur mieux qu'il ne s'était lui-même compris »[2], ou de placer le sens à la fin d'un processus illimité[3]; l'ambition principielle de l'interprétation augustinienne est bien de retrouver le sens qui gît dans l'intériorité de son auteur[4].

Mais pouvons-nous jamais être sûrs d'avoir saisi une telle intention? La difficulté de la compréhension du vrai sens de la Bible s'accroît, en outre, du fait de la situation d'exception des « Saintes Écritures ». Par son contenu et l'autorité de ses auteurs, la Bible est, certes, un *chirographum Dei*, un « autographe de Dieu »[5] par lequel il transmet aux nations sa volonté. Mais son sens résiste d'abord à ceux qui l'approchent; pour Augustin la Bible est « une réalité qui ne se révèle pas aux superbes et ne se dévoile pas aux enfants, mais qui humble à l'entrée, paraît, après l'entrée, sublime et enveloppée de mystères »[6]. Sa simplicité n'est qu'apparente et cache une véritable profondeur qui demande d'y distinguer plusieurs niveaux de signification[7]. De plus, cette richesse est redoublée du fait que la Bible n'est elle-même qu'une parole médiatisée par un ensemble hétérogène d'auteurs. En effet, selon Augustin, « les signes donnés par Dieu, qui sont contenus dans les saintes Écritures, nous ont été transmis par

1. *Ibid.*, II, ii, 3.

2. *Cf.* H.-G. Gadamer, *Vérité et méthode : les grandes lignes d'une herméneutique philosophique*, Paris, Seuil, 1996, p. 317 qui fait référence ici à Schleiermacher.

3. *Ibid.*, p. 320 : « la mise en lumière intégrale du sens véritable, contenu dans le texte ou dans une création artistique, n'arrive pas à son terme ici ou là. C'est, en vérité, un processus illimité ».

4. Ambition considérée comme naïve par Gadamer pour qui « le sens d'un texte dépasse son auteur, non pas occasionnellement, mais toujours », *ibid.*, p. 318.

5. *Commentaires des Psaumes* CXLIV, 17 et CIX, 1; *cf.* B. Stock, *Augustine the reader*, *op. cit.*, p. 11 et I. Bochet, *« Le firmament de l'Écriture » : l'herméneutique augustinienne*, Paris, Institut d'études augustiniennes, 2004, p. 44, n. 65.

6. *Les Confessions*, III, v, 9.

7. « dans tous les livres saints, il importe de distinguer les vérités éternelles qui sont inculquées, les faits qui sont racontés, les événements à venir qui sont annoncés, les règles d'action qui sont prescrites ou conseillées », *La Genèse au sens littéral*, I, 1.

les hommes qui les ont consignés par écrit »[1]. L'interprétation doit par conséquent prendre en compte cette médiation qui redouble la structure de la signification : il s'agit de retrouver l'intention de Dieu derrière l'intention de l'écrivain[2]. Or, les prophètes et les apôtres appartiennent à des situations historiques radicalement différentes[3]; leur rapport au monde et leur imaginaire était tout autre[4]. Cette situation invite à considérer avec prudence toute prétention à la compréhension parfaite des intentions des rédacteurs de la Bible. Rien ne nous assure que nous ayons compris exactement ce qu'ils voulaient dire[5].

Ainsi, le statut métaphysique de la Bible comme parole de Dieu qui accompagne le déroulement des siècles et sa dimension polyphonique supposent-ils une conception complexe du sens. Quand bien même il ne saurait s'agir de la conception herméneutique prise à la lettre, la réflexion exégétique d'Augustin subordonne l'accès au sens du texte à une pratique particulière et subjective de la lecture au sein d'un itinéraire spirituel et individuel, c'est-à-dire à une éthique de l'interprétation. Et, même s'il est vain dans ce contexte biblique de prétendre connaître mieux que l'auteur le sens du texte, ce sens ne se réduit pas pour autant à un contenu univoque et sa profondeur recèle de multiples possibilités d'interprétations. Le modèle exégétique augustinien suppose, en effet, de concevoir la compréhension comme une rencontre entre un lecteur et un texte, et la pertinence de l'interprétation qui résulte de cette rencontre dépend de ce qu'elle rend possible

1. *La doctrine chrétienne*, II, ii, 3.

2. « Puissions-nous accéder ensemble aux paroles de ton livre, et y chercher ton intention à travers l'intention de ton serviteur (*quaeramus in eis voluntatem tuam per voluntatem famuli tui*), par la plume de qui tu as dispensé tes paroles ! », *Les Confessions*, XII, xxiii, 32.

3. C'est la raison pour laquelle, pour l'Ancien Testament, Augustin demande « d'examiner avec soin ce qui est lié aux lieux, aux temps et aux personnes pour ne pas lancer à la légère des accusations de dépravations », *La doctrine chrétienne*, III, xii, 19.

4. *Ibid.*, III, xii, 20 : « C'est d'après le royaume terrestre que les justes d'autrefois imaginaient le royaume céleste et l'annonçaient à l'avance ».

5. Cf. *Les Confessions*, XII, xxiv, 33 : « Mais, qui d'entre nous a si bien découvert cette intention, parmi tant de vérités que ces paroles comprises dans tel ou tel sens offrent à l'esprit des chercheurs, qu'il puisse dire avec assurance : "voilà la pensée de Moïse, voilà le sens qu'il a voulu donner à ce récit", aussi bien qu'il dit avec assurance : "ceci est vrai", que Moïse ait pensé ainsi ou autrement ? ».

pour le lecteur. En ce sens le récit de la conversion d'Augustin dans le jardin de Milan au livre VIII des *Confessions* constitue peut-être un paradigme de la pratique augustinienne de l'interprétation, où l'inquiétude du lecteur rencontre un livre qui lui parle enfin[1]. Cette rencontre repose précisément sur la possibilité de passer de l'élaboration d'un sens à la reconnaissance de la vérité. Les mots, matériels, extérieurs, et en un sens contingents, de l'Écriture ne sont que des avertissements qui permettent la reconnaissance de la vérité qui se fait à l'intérieur de notre âme grâce au maître intérieur[2]. C'est la raison pour laquelle l'interprétation ne suppose pas seulement d'établir le sens d'un texte, mais aussi d'en percevoir la vérité profonde : elle demande de passer de la figuration extérieure du sens à la reconnaissance intérieure de la vérité, selon un mouvement que décrit Augustin quand il raconte sa lecture des Psaumes de David : « Je m'écriais, car ce que je lisais au-dehors, je le reconnaissais au-dedans »[3]. Il est même possible, dans certaines conditions, que l'Écriture soit superflue pour qui sait retrouver Dieu à l'intérieur de soi[4]. La parole de Dieu dans l'Écriture n'est ainsi qu'une forme temporelle et occasionnelle du Verbe éternel et intemporel que porte notre âme ; la Bible est aussi un déploiement de la *dispensatio temporalis*[5], de l'accompagnement des

1. Cf. *Les Confessions*, VIII, xii, 29 : « Je ne voulus pas en lire plus, ce n'était pas nécessaire. À l'instant même, en effet, avec les derniers mots de cette phrase, ce fut comme une lumière de sécurité déversée dans mon cœur, et toutes les ténèbres du doute se dissipèrent » (trad. modifiée), ou encore lors de la description d'une autre conversion : « Il lisait, et un changement s'opérait au-dedans de lui », *ibid.*, VIII, vi, 15.

2. Cf. *Le maître*, XI, 38 : « au sujet de toutes les réalités dont nous avons l'intelligence, ce n'est pas une parole qui résonne au dehors, c'est la Vérité qui préside intérieurement à l'esprit lui-même que nous consultons, avertis peut-être par les mots pour la consulter. Or celui que nous consultons est celui qui enseigne, le Christ dont il est dit qu'il habite dans l'homme intérieur ».

3. *Les Confessions*, IX, iv, 10.

4. Cf. *La doctrine chrétienne*, I, xxxix, 43 : « Et c'est ainsi que l'homme qui s'appuie sur la foi, l'espérance et la charité, et les garde fermement, n'a besoin des Écritures que pour instruire les autres ».

5. *Ibid.*, I, xxxv, 39 : « pour notre salut a été établie par la Providence divine toute l'économie temporelle dont nous devons user », voir aussi *La vraie religion*, VII, 13 ; G. Madec explicite l'expression ainsi : « la *dispensatio temporalis* : comment traduire ?

temps par la providence divine. Mais la médiation de l'écriture a été rendue nécessaire par la faiblesse de notre condition après la chute : ce qui était compris immédiatement avant la chute doit maintenant passer par la parole[1] et la condescendance de Dieu. L'interprétation consiste alors à faire résonner en nous les mots divins, mais matériels et temporels, par une intériorisation qui est aussi une spiritualisation de notre être.

Cette dimension spirituelle de l'interprétation s'accompagne d'une ouverture à une pluralité des sens. Puisqu'au fond la rencontre avec la vérité d'un texte prend le pas sur l'analyse scientifique du texte, Augustin considère que le texte biblique peut accueillir plusieurs sens qui n'en sont pas moins vrais :

> Mais lorsque des mêmes mots de l'Écriture on tire, non pas un seul sens, mais deux, voire plusieurs, même si celui que l'auteur lui a donné demeure caché, il n'y a là aucun danger, si l'on peut démontrer par d'autres passages des saintes Écritures qu'il s'accorde avec la vérité (*congruere veritati*); à condition toutefois que celui qui scrute les paroles divines s'efforce de parvenir à l'intention de l'auteur (*ut ad voluntatem perveniatur auctoris*) par l'intermédiaire de qui le saint Esprit a réalisé cette Écriture – qu'il y atteigne ou qu'il tire de ces mots une pensée différente qui ne soit pas en opposition avec la foi dans sa pureté, ayant pour lui le témoignage de n'importe quel autre passage des divines paroles. Il se peut fort bien d'ailleurs que cet auteur ait vu dans ces mêmes mots que nous voulons comprendre la pensée même que nous y voyons, et il est certain que le saint Esprit, dont il a été ici l'instrument, a prévu sans nul doute que cette pensée s'offrirait à l'esprit du lecteur ou de l'auditeur. Bien plus, il a veillé à ce qu'elle s'y présentât, car elle a son appui sur la vérité. D'ailleurs quelle marque plus forte et plus riche de la divine Providence y a-t-il dans les paroles divines que le

La gestion du temporel, ou peut-être mieux : les faits et gestes de Dieu dans l'histoire de l'humanité, selon son dessein éternel », *Le Dieu d'Augustin*, Paris, Le Cerf, 2000, p. 150.

1. Cf. *La Genèse contre les Manichéens*, II, iv, 5 : « Avant le péché [...] Dieu irriguait l'âme par une source intérieure, parlant à son intelligence de telle sorte qu'elle n'avait pas à recueillir les paroles de l'extérieur, mais elle était rassasiée par sa source, c'est-à-dire par la vérité qui s'écoulait de son être intime », trad. Bochet (modifiée), « *Le firmament de l'Écriture* », *op. cit.*, p. 37.

fait que l'on comprenne les mêmes mots de plusieurs façons, que fait admettre le témoignage concordant d'autres textes non moins divins ?[1].

Ce texte définit à la fois l'ouverture de l'exégèse augustinienne et les règles qui la déterminent. La possibilité de la polysémie de l'Écriture n'empêche pas, en effet, de déterminer des règles d'interprétation. Bien au contraire, ce sont elles qui rendent possible l'ouverture d'une pluralité des sens à l'intérieur d'une même expérience de la vérité. Augustin en définit ici trois : 1) une règle de concordance ou encore de congruence. Toute interprétation devra se prévaloir de la possibilité d'établir le même sens dans d'autres lieux de la Bible : la cohérence des Écritures authentifie la vérité du sens. 2) Une règle philologique : une interprétation qui prétendrait accéder à l'intention divine par delà l'auteur du texte serait considérée comme abusive puisqu'elle négligerait une médiation essentielle au sens du texte. L'auteur du texte est autorisé par la tradition et l'histoire bibliques ; par leur situation historique les auteurs de la Bible sont au plus près du sens puisque Dieu s'est adressé à eux. Quand bien même notre interprétation n'atteindrait pas l'intention de l'auteur du témoignage, il est essentiel que nous la visions de bonne foi[2]. Cette règle dégage une particularité essentielle de l'interprétation : même si le sens est le résultat d'une forme de collaboration entre le lecteur et l'auteur, même si le sens est toujours à venir, et même si nous devons renoncer à l'idéal de la restitution d'un sens original, il n'en reste pas moins que la compréhension suppose la volonté de se plier à l'altérité fondamentale du texte[3]. 3) Une règle de foi enfin : le sens établi doit être en accord avec la foi, c'est-à-dire avec le contenu de la foi chrétienne ramenée dans *La doctrine chrétienne* à la charité. Toute interprétation qui ne

1. *La doctrine chrétienne*, III, xxvii, 38.

2. Règle également énoncée dans *Les Confessions*, XII, xviii, 27 : « du moment que chacun s'efforce d'entendre (*sentire*) les saintes Écritures comme les a entendues celui qui a écrit, où est le mal si on les entend dans un sens que toi, lumière de tous les esprits véridiques, tu montres vrai, même si celui qu'on lit ne les a pas entendues dans ce sens, puisque lui aussi les entendues dans un sens vrai, qui n'est pourtant pas celui-là ».

3. Cette règle rejoint les intuitions fondamentales de l'herméneutique gadamérienne, cf. *Vérité et méthode*, *op. cit.*, p. 290 : « Comprendre un texte c'est au contraire être prêt à se laisser dire quelque chose par ce texte ».

rencontre pas le contenu de la foi est exclue de l'horizon de la compréhension chrétienne de la Bible; au contraire elle constituerait un obstacle à la compréhension, puisque cette dernière suppose l'adhésion à la foi chrétienne. Ces règles impliquent donc l'évacuation des interprétations qui prétendraient, soit prendre trop de liberté avec le texte (position qui correspondrait à une forme d'enthousiasme néfaste à la discipline qu'exige la compréhension[1]), soit pratiquer l'hypercritique par excès de science. Elles permettent, en retour, de définir précisément la disposition d'esprit requise pour comprendre le texte, disposition qui définit ainsi l'éthique de l'interprétation. Car elles aboutissent moins, en effet, à la position d'une méthode qu'à l'affirmation d'une volonté authentique de comprendre le texte à partir de lui-même et d'y trouver une vérité. Ces conditions remplies, la variété des sens peut alors se déployer, et la vérité prendre des tours multiples. Qu'il s'agisse de la Bible ne change rien fondamentalement à cette ouverture du sens puisque la pluralité des significations a été prévue par l'auteur du texte ou tout au moins par l'esprit qui l'inspire, la variété des lectures participant elle-aussi de la *dispensatio temporalis*; et tout laisse à penser qu'en l'occurrence la polysémie constitue plus une richesse qu'une faiblesse, car le texte biblique accroît ainsi l'occasion des rencontres entre le lecteur et la vérité. Cette possibilité apparaît, par exemple, dans la longue exégèse qui achève les *Confessions*, où Augustin montre diverses interprétations littérales possibles et également recevables d'un même verset de la *Genèse* I, 1. « Dans le principe Dieu a fait le ciel et la terre » peut signifier la distinction faite par Dieu entre la créature spirituelle et la créature corporelle, ou celle entre la créature et la matière informe, ou bien la totalité de la masse du monde corporel, ou encore la matière informe et la créature corporelle mêlée au principe dans le verbe co-éternel à Dieu, aussi bien que le commencement de la création, où ciel et terre sont encore pris confusément dans la matière. Certes toutes ces interprétations se rejoignent en ce qu'elles sont littérales et qu'elles cherchent à comprendre d'une

1. Augustin critique « ceux qui se glorifient d'un don divin et qui se flattent d'être en mesure, sans le secours de règles semblables à celles que j'ai entrepris d'enseigner ici, de comprendre et d'interpréter (*intellegere atque tractare*) les saints Livres », *De la doctrine chrétienne*, Prologue, 4.

certaine manière le statut de la matière dans la création, mais leurs différences témoignent de la difficulté pour l'homme à penser l'acte de la création. Toutes ces interprétations sont donc vraies sans que rien ne permette réellement de savoir en quel sens l'entendait Moïse[1]. La Bible est donc régie pour Augustin par une sorte de principe d'économie qui fait qu'à la simplicité des mots correspond une richesse des sens : d'une lecture anthropomorphique aux spéculations métaphysiques, le livre couvre un champ vaste de possibles rencontres avec l'esprit de son lecteur[2].

À partir de ces éléments d'exégèse, nous pouvons à présent essayer de dégager le cadre général d'une herméneutique augustinienne. Ainsi pour interpréter faut-il d'abord remplir deux séries de conditions. Une série objective, en premier lieu : l'objet à interpréter revêt une certaine obscurité et semble pourtant animé par un sens[3] qui ne se résume pas au sens obvie. Une série subjective, enfin, puisqu'il faut, d'une part, un engagement du sujet dans ce qu'il y a à comprendre, et, d'autre part, une croyance dans la vérité de ce qu'il y a à comprendre. L'interprétation demande à être pensée comme une recherche spirituelle de rencontre de la vérité[4], rencontre qui implique le mouvement conjoint d'un objet à interpréter et d'un sujet interprétant ; au sein de ce mouvement le lecteur est modifié radicalement et le texte s'enrichit d'un nouveau lecteur qui, s'il ne lui donne pas forcément un sens nouveau, le constitue comme un chemin singulier vers la vérité. Une telle rencontre n'a-t-elle lieu que dans les livres ?

INTERPRÉTER LE MONDE, LE SUJET ET L'HISTOIRE

Cette pratique de l'interprétation peut certainement être étendue à d'autres livres que la Bible et à d'autres objets que les textes, comme le

1. Cf. *Les Confessions*, XII, xxv, 34.

2. Cf. *Les Confessions*, VI, v, viii ; XII, xxvii-xxviii.

3. Augustin compare lui-même la présence du sens dans les mots à l'animation du corps par la vie de l'âme, cf. *La dimension de l'âme*, XXXII, 68.

4. Sur cette notion de rencontre voir J.-L. Chrétien, *Saint Augustin et les actes de parole*, Paris, PUF, 2002, chap. VII, « Lire », particulièrement p. 81.

monde, le sujet et l'histoire[1]. Mais en quoi ces derniers peuvent-ils signifier quelque chose et en quel sens pouvons-nous les comprendre ?

Il est peut-être étonnant de penser que le monde nous renvoie à un sens qui dépasse ce qu'il donne immédiatement à voir. Pour Augustin aussi, le monde est un ensemble dont la science peut expliquer le fonctionnement matériel, et qui possède en ce sens une rationalité propre. Mais l'explication physique des phénomènes ne répond sans doute pas à toutes les questions que nous nous posons sur le monde. Outre le fait que pour Augustin, influencé en cela par le néoplatonisme, l'explication physique du monde engage la présence dans les choses matérielles d'un principe spirituel, sans quoi les choses ne seraient pas ce qu'elles sont et ne se laisseraient pas expliquer[2], le monde lui-même peut signifier. Encore faut-il savoir le contempler et l'interroger. Pour qui ne sait pas voir, c'est-à-dire pour qui ne sait pas interroger les choses et ne sait pas les prendre aussi comme des signes, il n'y a dans le visible que de la matière. Cette attitude correspond pour Augustin au matérialisme ou encore à ce qu'il appelle la « pensée charnelle », qui prend « du figuré pour du propre »[3]. Or, selon Augustin, le monde ne se contente pas d'exister comme il est ; par sa beauté, il nous parle et instaure avec nous un dialogue, comme en témoigne un passage central du livre X des *Confessions*[4]. Si la beauté du monde, mais surtout son sens, n'apparaissent pas à tous, c'est parce

1. *Cf.* I. Bochet, « *Le firmament de l'Écriture* », *op. cit.*, p. 16 : « Il y a donc une interaction essentielle entre l'interprétation de l'Écriture et l'interprétation par le lecteur de sa propre vie et, plus largement, son interprétation du monde et de l'histoire ».

2. Cf. *Le libre arbitre*, II, xvi, 42 : « Regarde le ciel, la terre, la mer et tous les êtres qu'ils contiennent, qui brillent au-dessus, qui rampent au-dessous, qui volent ou qui nagent ; ils ont des formes parce qu'ils ont des nombres ; enlève-leur ceux-ci, ils ne seront plus rien ». C'est la présence sensible du nombre qui permet la perception et la compréhension des choses matérielles.

3. *La doctrine chrétienne*, III, v, 9 ; et plus loin : « c'est bien là pour l'âme une pitoyable servitude que de prendre les signes pour des choses et d'être incapable d'élever l'œil de l'esprit au-dessus de la création matérielle pour l'y abreuver de la lumière éternelle » ; voir aussi *L'utilité de croire* I, 1, qui dénonce les « hommes frivoles (*vanorum hominum*) qui, trop profondément engagés dans notre monde matériel, ne conçoivent pas qu'il existe rien d'autre que ce qu'ils perçoivent par les cinq messagers bien connus du corps ».

4. *Les Confessions*, X, vi, 10.

que tous ne regardent pas cette beauté de la même façon. Ce n'est pas que le matérialiste ne la voit pas, mais pris par elle, il ne peut plus l'interroger, il se rend incapable d'écouter ce qui en elle permet d'accéder au sens du monde [1]. L'attitude matérialiste se résume même pour Augustin à cette confusion entre les moyens et la fin, entre le *frui* et l'*uti* : oubliant qu'il ne faut jouir que de Dieu et user du reste de la création en vue de cette jouissance, les hommes se laissent troubler par la beauté des choses et veulent en jouir; il se perdent en chemin [2]. Ainsi, l'accès au sens du monde dépend fondamentalement de la capacité humaine à résister à l'attrait de la chose elle-même pour la considérer comme un signe; il faut savoir écouter ce que les choses ont à dire, leur dépendance à l'acte créateur de Dieu. Cette thèse augustinienne s'enracine dans une citation paulinienne qu'il utilise fréquemment : « les mystères de Dieu deviennent, par les êtres créés, intelligibles à leur regard » [3]. L'accès aux *invisibilia dei* suppose ainsi de dépasser le visible à partir de lui-même, comme un signe qui nous mène, selon Saint Augustin, à la dimension spirituelle de la réalité. De la même façon que dans l'interprétation d'un texte, ce qui conditionne l'accès au sens, ce n'est pas tant une méthode objectivement réglée, qu'une disposition du sujet qui détermine le succès de son regard : « Mon interrogation c'était mon attention (*intentio*); et leur réponse, leur beauté » [4]. L'*intentio* désigne une tension particulière de l'âme

1. *Ibid.* : « ce n'est pas qu'elles [*sc.* les créatures] changent leur voix, c'est-à-dire leur beauté, si l'un se contente de voir tandis qu'un autre voit et interroge, de sorte qu'elle apparaîtrait autrement au premier, autrement au second; mais apparaissant de la même manière à tous deux, elle est muette pour le premier, elle parle pour le second. Ou plutôt elle parle pour tous, mais ceux-là comprennent qui, accueillant sa voix au-dehors, au-dedans la comparent avec la vérité ».

2. Pour l'opposition entre *frui* et *uti* ainsi que pour cette métaphore du voyageur perdu par les agréments de la route, voir *De la doctrine chrétienne*, I, iv, 4. *Cf.* I. Koch, « Augustin et l'usage du monde », *Cahiers philosophiques*, n° 122, 2010, p. 21-42.

3. *Romains*, I, 20 cité dans *Les Confessions*, X, vi, 10; voir aussi *La doctrine chrétienne*, I, iv, 4 : « Ainsi voyageons-nous dans cette vie mortelle loin du Seigneur; si nous voulons retourner dans une patrie où nous puissions être heureux, nous devons user de ce monde, mais non pas en jouir, afin de *contempler les biens invisibles de Dieu, que les choses créées nous font comprendre*, c'est-à-dire afin de saisir, à partir des réalités physiques et temporelles, les réalités éternelles et spirituelles ».

4. *Les Confessions*, X, vi, 9.

qui est capable d'unifier les données éparses de la conscience. Cette capacité témoigne de la nécessité d'une attitude active du spectateur qui ramène la rhapsodie du divers à sa propre intériorité pour en comprendre la vérité. La contemplation du sensible n'offre autre chose qu'un ensemble incomplet qui invite par la beauté à porter nos regards par-delà le visible; la création toute entière devient alors un ensemble de signes qui, si nous savons les regarder et les déchiffrer, nous met en présence des réalités spirituelles et éternelles. Cette interprétation suppose, enfin, un travail du sujet sur lui-même qui s'efforce à se rendre sensible au sens caché du monde, et à ce que la beauté du monde peut nous dire.

Mais si nous pouvons comprendre en ce sens le monde, qu'est-ce à dire de notre propre rapport à nous-même? Pourrions-nous voir à travers le sensible les réalités intelligibles, et demeurer dans l'incompréhension de notre propre sujet? Si toute compréhension passe par un retour sur l'intériorité, il est nécessaire de chercher à comprendre notre propre existence. Pourtant, elle se présente de manière erratique et nous peinons à la déchiffrer. Notre condition est marquée par l'inquiétude[1] qui provient de notre dispersion temporelle et morale opposée à l'unité de Dieu. En effet, l'expérience de la dispersion est celle de la multiplicité : nous nous dispersons dans la structure temporelle de notre devenir[2], dans la diversité de nos amours, dans l'éparpillement de nos volontés. Les *Confessions* sont à cet égard un témoignage vivant – bien qu'il soit rétrospectif et, aussi, une réécriture – des errements d'une conscience incapable de trouver son point d'unité. Selon Augustin cette dispersion est une des conséquences de la chute, du péché d'Adam qui revit en nous, par lequel nous nous sommes tous déjà condamnés[3]. Cette donnée correspond profondément à un mouvement métaphysique par lequel nous tournons le dos à notre

1. Cf. *Les Confessions*, I, i, 1 : « notre cœur est sans repos (*inquietum*) tant qu'il ne repose pas en toi »; voir aussi *ibid.*, XIII, viii, 9.

2. *Ibid.*, XI xxix, 39: « nous qui vivons multiples dans le multiple à travers le multiple », et plus loin « je me suis éparpillé dans les temps dont j'ignore l'ordonnance et les variations tumultueuses mettent en lambeaux mes pensées ».

3. *Ibid.*, VIII, x, 22 : « ce n'est donc plus moi qui la [la dissipation] produisais, mais le péché qui habitait en moi, en punition d'un péché plus libre, puisque j'étais fils d'Adam ».

créateur[1]. Seule la conversion permet de nous reformer véritablement, c'est-à-dire de retrouver une forme d'unité, ce qui n'implique pas que nous échappions pour autant au devenir temporel et à la dispersion qui l'accompagne, mais que nous apprenions plutôt à en saisir la nécessité et la conformité avec la providence divine et à y conformer notre volonté. Alors, à l'obscurité de la succession absolument contingente des événements se substitue la possibilité d'une compréhension de notre existence comme une trajectoire prise dans un dessein et une narration plus vaste. Ce qui apparaît n'est plus une succession désordonnée d'événements mais une nécessité éclairée par la providence. Cette lecture est précisément celle qui est faite par Augustin dans les *Confessions*. L'unité de l'existence y procède d'une unité narrative éclairée par l'Écriture qui devient elle-même un principe herméneutique[2]. Ainsi, les *Confessions* suivent en partie le mouvement biblique de la parabole du fils prodigue[3] : l'itinéraire d'Augustin est pensé comme une fuite vers « la région de dissemblance » (*regio dissimilitudinis*[4]) qui est aussi une « région d'indigence (*regio egestatis*) »[5], puis un retour humble vers Dieu.

Le mouvement lié au devenir et l'ignorance de notre futur rendent ainsi incompréhensible notre existence, faute d'unité. La compréhension de notre existence n'est possible que si nous parvenons à saisir, dans un mouvement interprétatif, un point d'unité qui organise notre existence et en donne la clef. Or, l'activité synthétique de l'âme

1. *Ibid.*, XIII, ii, 3 : « Oui, nous aussi, qui sommes par l'âme une créature spirituelle, en nous détournant de toi (*aversi a te*), notre lumière, nous avons été *autrefois ténèbres* dans cette vie, et nous peinons dans ce qui reste de notre obscurité ».

2. « Ainsi l'Écriture ne peut engendrer la conversion du sujet qui la lit que si elle est *à la fois interprétée et interprétante* », I. Bochet, « *Le firmament de l'Écriture* », *op. cit.*, p. 16.

3. Luc, 15, 11 ; cf. *Les Confessions*, III, vi, 11 : « Où étais-tu donc alors pour moi ? Bien loin ! Et bien loin, j'errais en terre étrangère, séparé de toi, et même pas admis à partager les gousses de ces porcs que je nourrissais de gousses ».

4. *Ibid.*, VII, x, 16 : « Et j'ai découvert que j'étais loin de toi dans la région de la dissemblance », cette expression est d'origine platonicienne, cf. *Politique*, 273d ; Plotin, *Ennéades* I, 8, 13.

5. *Les Confessions*, II, x, 18 : « Mais moi, loin de toi, je suis allé à la dérive ; j'ai erré, mon Dieu, trop loin du chemin de ta stabilité, pendant l'adolescence ; je me suis fait pour moi "région d'indigence" ».

(l'*intentio*) peut constituer les objets temporels en devenir dans une série qui unifie la pluralité en une totalité. Et cette capacité ne suppose pas les séries temporelles achevées, elle intègre aussi la possibilité de se tendre vers le futur et d'embrasser comme en un tout l'avenir. L'attente (*expectatio*[1]) est une dimension essentielle de notre capacité à appréhender les phénomènes temporels; sans la tension de l'âme vers ce qui va advenir, nous ne saurions comprendre ce qui se déploie dans le temps. Cette possibilité permet de donner sens à l'ensemble des phénomènes temporels qui se déroulent sous nos yeux et de ne pas nous perdre dans le flux du temps. Alors, l'expérience de la mélodie tendue dans la phrase entre la première et la dernière note peut être transposée à notre propre existence et à l'histoire :

> Ce qui se produit pour le chant tout entier se produit pour chacune de ses parties et pour chacune de ses syllabes; cela se produit pour une action plus ample, dont ce chant n'est peut-être qu'une petite partie; cela se produit pour la vie entière de l'homme, dont les parties sont toutes les actions de l'homme; cela se produit pour la série entière des siècles vécus par les enfants des hommes, dont les parties sont toutes les vies des hommes[2].

Le chant suppose une tension de l'âme qui réalise l'unité et la cohérence de ce qui, pourtant, est marqué par la multiplicité et la succession. En accédant, par le chant, à la totalisation de la pluralité des moments temporels, l'âme trouve dans le temps le principe de l'intelligible, l'unité. Le chant est donc le modèle de cette intention qui constitue le devenir incessant du temps en une succession ordonnée, en une phrase. Nous retrouvons cette intention à l'intérieur de cellules temporelles plus petites, qui composent le chant et qui se laissent elles-aussi découper en parties temporelles[3]. Mais ce modèle ouvre

1. *Ibid.*, XI, xx, 26.
2. *Les Confessions*, XI, xxviii, 38.
3. La division à l'infini du temps n'empêche pas l'expérience métaphysique de l'instant qui se révèle, non pas dans une analyse, mais dans la décision, celle dans la conversion notamment. Ainsi l'instant n'apparaît pas à l'intelligence qui découpe le temps mais plutôt à la volonté qui se décide; cf. *Les Confessions*, VIII, xi, 25, sur l'événement de la conversion : « voilà l'instant même (*punctum temporis*) où j'allais être autre chose », voir J. Guitton, *Le temps et l'éternité chez Plotin et Saint Augustin* (1933), Paris,

aussi à la compréhension de séries plus longues, celle de « la vie entière de l'homme » jusqu'à celle de l'histoire de l'humanité. Cette possibilité est essentielle parce qu'elle suppose la capacité de constituer un objet temporel par une tension qui ne se réduit pas à la synthèse de ce qui a eu lieu dans le passé ou a lieu au présent, elle ouvre aussi à la compréhension des phénomènes temporels dans leur avenir. Alors, l'espérance et la volonté relaient la mémoire et l'attention présente. Rien, en effet, ne nous assure fondamentalement de ce que nous serons. Mais un engagement moral et religieux peut, selon Augustin, suppléer à notre ignorance; l'espérance du salut et la croyance en la providence permettent ainsi de constituer le sujet en vue d'une fin. En retour, cette fin projetée par l'espérance permet la compréhension rétrospective de ce que nous avons été. Le sens de notre existence apparaît ainsi sous la forme herméneutique d'un rapport à soi, qui se constitue à la lumière d'une confiance fondamentale dans le futur et la promesse de la résurrection.

De la même manière se dégage, pour Augustin, un sens de l'histoire. En effet, dans l'analyse augustinienne du temps, l'interprétation de sa propre existence n'a aucun sens si cette dernière n'est pas articulée dans une véritable philosophie de l'histoire. Notre propre existence s'insère donc dans « la série entière des siècles vécus ». Augustin rompt ainsi avec une conception circulaire de l'histoire et de la temporalité[1] pour penser la linéarité de l'histoire dont la Bible donne l'origine et la fin[2]. Une fois dessinées les bornes de l'histoire universelle, Augustin peut représenter le déroulement de l'histoire comme un chant, ou encore un poème[3] dont nous parcourrions

Vrin, 2004, p. 234 et J.-M. Leblond, *Les conversions de Saint Augustin*, Paris, Aubier, 1950, p. 266-267.

1. Cf. *Cité de Dieu*, XII, xxi, 4 : « ces cercles sont maintenant bannis » (*circuitus illi jam explosi sunt*, nous traduisons).

2. Cf. *La doctrine chrétienne*, III, x, 15 : « l'Écriture n'affirme rien d'autre que la foi catholique, en ce qui concerne et le passé, et le futur, et le présent. Elle est récit du passé, annonce de l'avenir, description du présent »; voir aussi *La foi aux choses qu'on ne voit pas*, V, 8.

3. Cf. *Cité de Dieu*, XI, xviii : *ordinem saeculorum tamquam pulcherrimum carmen*.

seulement une étape intermédiaire. Ainsi l'articulation entre les *Confessions* et *La Cité de Dieu* permet-elle de penser le passage de l'histoire individuelle à l'histoire de l'humanité. Et, bien que nous ne disposions pas, par nous même, de suffisamment d'éléments visibles pour nous représenter le sens de la succession historique, la Bible propose un ensemble de témoignages qui révèlent, si nous leur apportons du crédit, le sens de l'histoire. Cette pensée du temps et de l'histoire est une dimension originale de la pensée de Saint Augustin, qui permet de penser la création non comme une chute mais comme la production de la providence. L'interprétation suppose ici encore un effort personnel de lecture, afin de comprendre l'histoire présente à la lumière des éléments déterminants contenus dans la Bible; de la même manière qu'auparavant, elle s'appuie sur une expérience de l'incompréhension: la violence de l'histoire et ses soubresauts demandent, pour être compris, une expérience de l'origine et de la fin, une genèse et une eschatologie.

Ainsi, en ce qui concerne le monde, l'existence personnelle ou encore l'histoire, l'opération de la compréhension requiert une pratique de l'interprétation qui est en relation étroite avec la pratique augustinienne de l'exégèse, et cela à deux degrés. En effet, c'est, d'une part, l'éthique d'interprétation qui est la même, à savoir la recherche d'un sens et de la vérité par-delà la structure du visible, et c'est d'autre part l'élection de la Bible comme livre susceptible d'éclairer mon existence et son rapport à l'histoire. C'est d'ailleurs sur ce point précis qu'il y a une rupture dans la continuité entre toutes les formes d'interprétation que nous avons décrites. L'exégèse biblique n'est pas seulement le paradigme d'une interprétation spirituelle pour Augustin, elle s'impose aussi comme la forme déterminante d'interprétation qui éclaire toutes les autres : la Bible sert de guide aux autres interprétations en leur fournissant un principe herméneutique. La démarche herméneutique d'Augustin repose donc *in fine* sur une foi qui invite à dépasser le visible et à se laisser éclairer par le récit biblique. Est-il impossible, pour autant, de rendre raison de ce qui nous permet d'interpréter, et donc de comprendre ?

FOI ET SAVOIR : LE CERCLE HERMÉNEUTIQUE

La question de la foi, en effet, se retrouve engagée à chaque fois qu'il s'agit, pour Saint Augustin, d'interpréter. La foi n'est pas, cependant, une finalité de l'interprétation, mais bien plutôt un réquisit de la compréhension. Avec elle nous sommes au plus près de la figure du cercle qui caractérise la « raison herméneutique »[1] et de sa singularité exprimée par la figure du cercle herméneutique, où l'interprétation suppose de « comprendre le tout à partir de l'élément et l'élément à partir du tout »[2]. Cette figure du cercle fait bien ressortir la difficulté de la compréhension qui ne peut pas procéder selon un ordre logique qui irait du connu à l'inconnu, ou du simple au complexe. Ici, au contraire, la saisie du tout suppose la compréhension des parties et l'analyse resterait vaine si elle n'était précédée d'une pré-compréhension du tout; en somme pour comprendre, il faut déjà avoir compris[3]. Cette critique de la méthode s'accompagne, chez Gadamer par exemple[4], d'une valorisation paradoxale du « préjugé »[5]. Or, la valorisation augustinienne de la croyance et la nécessité d'une règle de foi jouent le rôle de ces préjugés qui permettent la compréhension de ce qu'il y a à interpréter, dans un véritable mouvement circulaire[6]. Cette circularité vaut pour les formes dérivées de l'interprétation que

1. *Cf.* J. Greisch, *L'âge herméneutique de la raison*, Paris, Le Cerf, 1985, p. 27-35.

2. *Ibid.*, p. 312.

3. Ce cercle logique se retrouve dans la dialectique augustinienne de la recherche de Dieu, de la prière finale de la *Trinité*, XV, ii, 2 : « Ô toi donne moi la force de te chercher, toi qui m'as fait te trouver », aux *Pensées* de Pascal, « tu ne me chercherais pas si tu ne m'avais trouvé » (Laf. 919/Br. 533).

4. *Cf.* H.-G. Gadamer, « on ne peut pas se satisfaire du concept moderne de science et du concept de méthode qui lui est lié », *Vérité et Méthode*, *op. cit.*, p. 34.

5. *Ibid.*, p. 290, « une telle réceptivité [*sc.* à l'altérité du texte] ne présuppose ni une "neutralité" quant au fond, ni surtout l'effacement de soi-même, mais inclut l'*appropriation* qui fait ressortir les préconceptions du lecteur et les préjugés personnels »; et plus loin « ce n'est qu'en reconnaissant ainsi que toute compréhension relève essentiellement du préjugé, que l'on prend toute la mesure du problème herméneutique », *ibid.*, p. 291.

6. Sur la présence du cercle herméneutique dans la philosophie augustinienne, *cf.* G. Ripanti, « Il problema della comprensione nell'ermeneutica agostiniana », *Revue des études augustiniennes*, n°20, 1974, p. 88-99 et I. Bochet, dans Saint Augustin, *La doctrine chrétienne*, n.c. 3, p. 438-449.

nous avons évoquées précédemment lorsqu'il s'agit de donner sens au monde, à notre existence et à l'histoire, elle vaut aussi pour le paradigme de l'interprétation, l'exégèse.

En effet, les règles de lecture préviennent en quelque sorte le sens que nous cherchons, et l'interprétation du texte, même si elle est ouverte à la polysémie, n'autorise pas pour autant toutes les interprétations possibles. Le principe même de l'éthique de l'interprétation repose sur une forme de circularité qui veut qu'une lecture qui ne se placerait pas à l'intérieur d'une volonté réelle de comprendre le texte à partir de lui-même, c'est-à-dire à partir de ce qu'il a à dire en vérité, se condamne à manquer le sens du texte [1]. Telle est d'ailleurs l'erreur qui présidait à la lecture manichéenne de la Bible, de ne pas se plier au texte :

> sans chercher de maître, sans incriminer tant soit peu notre lenteur d'esprit, sans faire crédit d'un bon sens même ordinaire à ceux qui ont voulu que de tels écrits fussent si longtemps lus, conservés, maniés par le monde entier, nous avons jugé qu'il n'y avait là-dedans rien à croire [2].

Les Manichéens, auxquels il a été lié durant neuf années, effectuaient, en effet, une lecture critique de la Bible. Cette lecture suppose une remise en cause de l'autorité du texte d'une part, de sa cohérence et de son sens d'autre part. Or, pour Augustin, l'autorité du texte, alimentée de toute la tradition de traduction et de transmission du texte, est condition de la foi [3], laquelle conditionne elle-même la compréhension. Il faut donc s'appuyer sur une confiance dans la véracité de la Bible pour la comprendre : et le livre ne s'ouvre pas à nous si nous n'y cherchons pas, avant même de l'avoir compris [4], une

1. *Cf.* J.-P. Schobinger, « La portée historique des théories de la lecture (Réflexions à la lumière du *De doctrina christiana* de saint Augustin) », *Revue de Théologie et de Philosophie*, n°112, 1980, p. 43-56, particulièrement p. 53 : « le critère de l'intelligence authentique de la Bible est livré par le contenu que le texte révèle ».

2. *L'utilité de croire*, VI, 13.

3. *La doctrine chrétienne*, I, xxxvii, 41 : « la foi chancellera si l'autorité des divines Écritures vacille ».

4. C'est la raison pour laquelle Augustin recommande pour la Bible « d'acquérir la connaissance de ces livres, même si ce n'est pas encore pour les comprendre », *ibid.*, II, ix, 14.

vérité. L'interprétation n'est donc possible que par une volonté d'adhésion, fût-elle au moins de principe, avec ce qui est écrit. Ce principe d'autorité permet, en outre, de présupposer une cohérence fondamentale au texte, et notamment entre l'Ancien et le Nouveau Testament[1]. Il y a donc un esprit du texte, ou un sens fondamental, défini dans le *De doctrina christiana* par la « règle de charité » : « l'essentiel est de comprendre que la plénitude et la fin de la loi et de toutes les divines Écritures, c'est l'amour »[2]. Cette règle permet de déterminer à l'avance l'horizon du sens de ce qui doit être compris dans la Bible ; elle fonctionne bien comme une préconception du sens de ce qu'il y a à comprendre.

Mais en quoi cette circularité constitue-t-elle une forme de rationalité, d'une part, et en quoi, d'autre part, cette méthode singulière permet-elle l'accès à quelque vérité que ce soit ? N'est-ce pas déjà trop céder au scepticisme que de conditionner toute compréhension à l'autorité, ou à une croyance ? Il est vrai que, d'une certaine manière, cette pratique de l'interprétation s'enracine dans une expérience sceptique, celle de la difficulté de la compréhension de tout ce qui nous est extérieur en général[3]. Et c'est justement parce que nous faisons cette expérience de la résistance et de l'obscurité de ce qu'il y a à comprendre qu'il nous faut interpréter. C'est la raison pour laquelle l'interprétation constitue une réponse, sinon adéquate, du moins circonstanciée, à l'expérience du scepticisme. Si la foi est nécessaire,

1. Cette préoccupation constitue même ce qu'Augustin appelle l'« exégèse analogique », *De l'utilité de croire*, III, 5.

2. *La doctrine chrétienne*, I, xxxv, 39, voir aussi II, vii, 10 : « C'est à ce niveau, en effet, que s'exerce quiconque a le goût des divines Écritures, avec l'intention de n'y rien découvrir d'autre que l'obligation d'aimer Dieu pour Dieu et le prochain pour Dieu », ainsi que le *Sermon 350* : « ce que tu comprends dans les Écritures, c'est la charité à découvert, ce que tu n'y comprends pas, c'est la charité à couvert », trad. Madec, dans Saint Augustin, *La première catéchèse*, n.c. 2, p. 241.

3. *Cf.* B. Stock, *Augustine the reader*, *op. cit.*, p. 283, n. 3 : « Augustine's argument can be interpreted as an adaptation of scepticism to reading theory », qui cite *L'utilité de croire*, V, 11 : « par quelles démarches reconstituer la pensée profonde d'un absent ou d'un mort, au point de pouvoir s'en porter garant sous serment ? ». La difficulté de la compréhension s'allie à l'impossibilité de la communication : « Homme, tu ne saurais découvrir à un homme les retraites de ton cœur et te faire connaître à fond », *De l'utilité de croire*, X, 23.

c'est pour restaurer la possibilité d'une connaissance et d'une compréhension. Ce passage à l'interprétation suppose d'abandonner une forme de rationalisme qui prétendrait tout comprendre par ses propres moyens, aussi bien qu'un scepticisme désespéré[1] qui renoncerait à la vérité. Mais au fond, pour Augustin, ces positions se rejoignent toutes deux dans le refus de la croyance; c'est en effet une conception partagée par le rationalisme et le scepticisme que de penser qu'il faille s'abstenir de toute croyance, l'un pour fonder la connaissance, l'autre pour la rendre impossible. Augustin montre, au contraire, comment la plupart de nos actions, notre insertion dans le monde et nos connaissances reposent sur un ensemble de croyances[2]. Il peut, certes, y avoir des croyances erronées, et la croyance en elle-même ne constitue pas une compréhension en propre, mais c'est parce que nous éprouvons nos croyances dans la réalité que nous pouvons les corriger ensuite, que nous les redressons et que nous parvenons ensuite à la compréhension d'un phénomène. Ainsi, pour Augustin, la relation entre la foi et le savoir est une caractéristique fondamentale de sa conception de la rationalité. En effet, qu'il s'agisse de la compréhension de la Bible, de sa propre existence ou de l'histoire universelle, c'est la référence au livre d'*Isaïe* qui commande la conception augustinienne de la compréhension: « si vous ne croyez pas, vous ne comprendrez pas »[3]. La compréhension résulte donc d'un acte de foi qui oriente la volonté toute entière du côté de la vérité, qui la dispose à recevoir la vérité de ce qu'elle cherche à comprendre. Sans cette première relation au sens

1. Le motif de la *desesperatio veritatis* ou *desesperatio inveniendi* est la marque du scepticisme, cf. *Contre les Académiciens*, II, i, 1; *Lettre 1* à Hermogénien; *De l'utilité de croire*, XI, 25; *Les Confessions*, VI, i, 1. Le scepticisme est désespéré parce que, selon Augustin, nous ne saurions être heureux sans vérité, *cf.* la question liminaire du *Contre les Académiciens*, I, ii, 6.

2. Cf. *De l'utilité de croire*, XI, 25: « dans la vie pratique, je ne vois pas vraiment comment un homme pourrait ne rien croire »; voir aussi *Les Confessions*, VI, v, 7: « tu maniais et disposais mon cœur, m'amenant à considérer l'infinité de choses, auxquelles je croyais sans les voir, ou sans avoir assisté à leur production: ainsi, tant de choses sur l'histoire des nations, tant de choses sur des lieux ou des villes que je n'avais pas vus, tant de choses que sur la foi des amis, sur la foi des médecins, sur la foi de tels et tels autres nous croyons, sinon nous ne pourrions absolument rien faire dans la vie d'ici-bas ».

3. *Nisi credideritis, non intellegetis*, *Isaïe*, 7, 9, cf. *La Trinité*, XV, ii, 2.

introduite par la foi, le sujet en reste inéluctablement à la dimension visible de la réalité. Le domaine de la croyance et celui de la connaissance s'interpénètrent ainsi totalement. En outre, la croyance doit être distinguée de la crédulité[1]; il ne s'agit pas pour Augustin de croire n'importe quoi, et c'est justement l'autorité qui guide cette croyance[2]. Cette autorité ne repose pas sur rien, mais sur la transmission continue du dogme chrétien assurée par l'Église. C'est elle et la tradition qui fournissent pour Augustin des raisons de croire et qui distinguent la croyance – ainsi normée – de la crédulité ou de l'opinion. Cette croyance est, de plus, tournée vers la compréhension comme vers un but: c'est l'intelligence qui est visée dans la foi même si cette intelligence est conditionnée par un acte de soumission de la raison et que l'accomplissement de cette intelligence n'aura lieu parfaitement qu'après la mort. Dans la mesure où nous ne pouvons pas d'emblée tout comprendre, et que la compréhension nécessite de s'appuyer aussi sur des données qui ne sont pas toutes déductibles par la raison, la foi est nécessaire. L'intelligence suppose ainsi la croyance comme une condition de sa propre réalisation, tout comme la croyance est fondée par un certain rapport à l'intelligence[3]. C'est en effet la réflexion rationnelle qui amène à comprendre la nécessité de la foi pour la compréhension:

> si donc il est raisonnable que, pour accéder à certaines grandes vérités que nous ne sommes pas encore en mesure de saisir, la foi précède la raison, sans doute aussi une raison, si petite soit-elle, précède elle-même la foi pour nous en persuader[4].

1. Cf. *De l'utilité de croire*, IX, 22.

2. *Ibid.*, XI, 25: «Comprendre est affaire de raison, croire d'autorité, préjuger d'erreur».

3. *De l'utilité de croire*, XI, 25: «comprendre ne va jamais sans croire, de même que préjuger; tandis que croire n'est pas toujours comprendre, et préjuger jamais», si la croyance n'est pas toujours compréhension, c'est qu'elle l'est parfois dans la mesure où il est des choses qui n'apparaissent qu'à la croyance, *cf.* Ét. Gilson, *Introduction à l'étude de Saint Augustin* (1928), Paris, PUF, 1987, p. 33: «croire est encore une certaine manière de savoir».

4. *Lettre 120* à Consentius, citée par I. Bochet, dans *De la doctrine chrétienne*, n.c. 3, p. 444.

Il apparaît ainsi impossible de déterminer l'origine d'un tel processus circulaire puisque l'une et l'autre partie, la foi et la raison, convergent chez Augustin pour trouver la vérité. Loin de les opposer fondamentalement, Augustin montre combien le processus de compréhension s'enracine dans la position subjective d'une croyance qui permet à l'intelligence de trouver le sens qui lui manquait[1]. Et c'est peut-être le propre de l'interprétation et de son éthique que de souligner ainsi la nécessaire implication du sujet dans ce qu'il y a à comprendre.

*

La notion d'interprétation n'implique donc pas forcément une remise en question sceptique de l'idée de vérité. En effet, pour Augustin, il ne s'agit nullement de remplacer l'idée de vérité par celle, plus relativiste, du sens, ni même d'intégrer l'expérience de la vérité dans une théorie générale du sens et de la signification. Bien au contraire, Augustin définit une articulation entre sens et vérité. En effet, il n'y a de sens pour Augustin que pour celui qui est susceptible de ramener le sens à l'expérience de la vérité, de passer du sens à la vérité des choses; ainsi, c'est le sens qui se trouve intégré dans une doctrine de la vérité. Cependant, en se plaçant du côté de l'interprétation, la philosophie d'Augustin insiste sur la particularité de l'expérience humaine de la vérité. L'interprétation est nécessaire parce que, pour nous et entre nous, un malentendu est toujours possible. Elle est donc liée à la possibilité humaine de ne rien comprendre et de ne rien voir. Et, comme l'expérience de l'évidence nous est interdite, comme, dans notre rapport à notre histoire et à l'histoire universelle ainsi que dans notre rapport au monde, quelque chose est brouillé, nous devons nous engager dans la voie de l'interprétation. Cette forme de pensée s'accorde particulièrement avec la métaphysique de la distance qui caractérise la pensée augustinienne. L'éloignement de l'homme et son expérience de la faute font de l'incompréhension une donnée de la condition humaine; mais c'est aussi cette distance qui permet de

1. *Cf.* l'expression de *La Trinité*, XV, ii, 2 : « la foi cherche, l'intelligence trouve », et celle des *Homélies sur l'Évangile de Saint Jean*, XXIX, 6 : « la compréhension est en effet la récompense de la foi (*intellectus enim merces est fidei*) ».

penser toute la profondeur de la réalité. Tout comme la pluralité des sens, engendrée par notre difficulté à comprendre la parole de Dieu, constitue une richesse du texte biblique, nos tentatives d'interpréter le monde et notre existence constituent selon Augustin des occasions de sonder et de célébrer la profondeur de la création. Grâce à l'interprétation, le passage de l'expérience de l'obscurité à celle de la profondeur est rendu possible : l'obscurité n'est pas seulement la marque de la faiblesse de notre intelligence, elle est aussi l'occasion d'approcher la profondeur de la réalité. Ce renversement engage, en outre, une pensée particulière de la vérité. Elle suppose de s'opposer à l'idée de méthode, si par une telle idée nous réduisons l'accès à la vérité à un nombre d'opérations prédéterminées qui soumettraient l'objet aux règles de la connaissance. Une telle pensée exige de se mettre à la hauteur de ce qu'il y a à comprendre, en insistant sur la nécessité de se plier à l'objet ou au texte, en prenant les règles de la compréhension à l'intérieur même de ce qu'il y a à comprendre. C'est la raison pour laquelle l'idée d'interprétation est liée à celle d'éthique de l'interprétation, c'est-à-dire à la définition du problème de la vérité en terme de postures subjectives qui accompagnent l'effort de la compréhension.

Rien ne définit mieux, alors, cette éthique de l'interprétation que la notion de capacité introduite par Augustin. En effet, ce qui est en jeu dans l'interprétation, c'est l'ouverture du sujet à l'expérience de la vérité, la possibilité de « se rendre capable de percevoir la vérité, en accordant foi à ceux que Dieu a établis pour former et guérir l'esprit »[1]. Cette idée de capacité montre bien combien la perception de la vérité dépend alors d'une disposition de la volonté[2]. Cette

1. *De l'utilité de croire*, X, 24 : *idoneum primo fieri percipiendae veritatis*; *cf.* aussi *Homélies sur l'Évangile de Jean*, XXXVI, 7 : « si tu crois, c'est que tu ne comprends pas, mais en croyant tu deviens capable de comprendre (*credendo fis idoneus ut capias*), car si tu ne crois pas, tu ne comprendras jamais parce que tu resteras toujours incapable de comprendre. Que ta foi te purifie donc pour que l'intelligence te remplisse »; *ibid.*, XVIII, 1 : « selon ma capacité je comprends (*pro modulo meo capio*) »; *De la doctrine chrétienne*, I, x, 10.

2. Cf. *Le Maître*, XI, 38 : « c'est elle [*sc.* la sagesse de Dieu, *i.e.* le Christ, qui est aussi le maître intérieur] que consulte toute âme raisonnable mais elle ne s'ouvre à chacune que selon sa capacité (*tantum cuique panditur, quantum capere propter propriam*), en raison de sa volonté bonne ou mauvaise ».

dernière constitue alors le lieu fondamental de la décision de vivre à la mesure de cette vérité : il s'agit *in fine* d'accomplir la conversion du regard qui permettra enfin de comprendre. L'interprétation ne désigne alors pas tant, ou pas seulement, l'ouverture infinie du sens de ce qu'il y a à interpréter, la réserve de sens de l'objet en quelque sorte, que les possibilités humaines et subjectives ouvertes par la pratique de l'interprétation. L'éthique augustinienne de l'interprétation établit ainsi la possibilité d'une rencontre entre le sujet, l'objet à comprendre, et la vérité, et, ne se satisfaisant pas de la construction d'un sens, elle affirme que la visée de vérité, seule, légitime et rend possible toute interprétation.

Stéphane MARCHAND

SENS ET VÉRITÉ : L'INTERPRÉTATION SELON SPINOZA

L'homme injuste est celui qui fait des contresens.
Victor Hugo

Si les philosophes tentent communément de réduire le problème du mal à la question de l'erreur, Spinoza déplace à son tour celle-ci du côté de l'interprétation. Si les hommes se disputent, ce n'est pas parce qu'ils ne sont pas d'accord, ni même parce qu'ils se trompent, mais parce qu'ils ne se comprennent pas entre eux. Telle est la conclusion du scolie de la proposition 47 de l'*Éthique* II : « de là naissent la plupart des controverses : de ce que les hommes n'expliquent pas correctement leur pensée ou de ce qu'ils interprètent mal la pensée d'autrui. Car en réalité, tandis qu'ils se contredisent le plus, ils pensent la même chose ou des choses différentes, de sorte que ce qu'ils pensent être des erreurs et des absurdités en autrui, ne l'est pas ». Avant donc de prétendre corriger les erreurs des autres, il vaudrait mieux commencer par apprendre à s'expliquer correctement, mais, plus encore, à bien interpréter. Comme le montrent en effet les trois exemples qui précèdent cette conclusion, ce qu'on prend pour une erreur de pensée chez l'autre, n'est la plupart du temps qu'une erreur d'interprétation de notre part : en toute rigueur l'autre, même quand il a l'air de dire des absurdités, en dit en effet si l'on veut, mais en tous cas ne les *pense* pas.

Premier exemple : « lorsque quelqu'un dit que les lignes menées du centre du cercle à la circonférence sont inégales, cet homme assurément entend par *cercle*, à ce moment-là du moins, autre chose que les mathématiciens ». Il fait erreur, sans doute, mais seulement dans l'attribution des noms. À nous de ne pas nous laisser entraîner à croire qu'il se trompe aussi en pensée.

Deuxième exemple : « de même, quand les hommes font une erreur dans un calcul, ils ont dans la pensée d'autres nombres que ceux qui sont sur le papier ». On voit bien ce qu'ils ont écrit (par exemple, 7+5=11), mais ce qui est certain, nous dit Spinoza, c'est qu'ils ne pensent pas ce qu'ils ont écrit; « c'est pourquoi, si l'on a égard à la pensée de ces hommes, ils ne commettent assurément pas d'erreur; *ils semblent* en commettre une cependant, parce que *nous pensons* qu'ils ont dans la pensée les nombres qui sont sur le papier ». *Nous pensons* : c'est bien plutôt nous qui nous trompons en croyant qu'il y a erreur dans leur pensée, quand celle-ci est simplement mal transcrite, le crayon ayant fonctionné selon d'autres lois que celles de la pensée. L'erreur véritable vient ici des interprètes, qui font erreur sur l'erreur des autres en rapportant un *lapsus calami* à une faute dans la pensée.

D'où le *troisième exemple*, celui d'un *lapsus linguae* emprunté cette fois à la vie quotidienne: « S'il n'en était pas ainsi, nous ne croirions pas qu'ils commettent aucune erreur, de même que je n'ai pas cru qu'il se trompait, l'homme que j'ai entendu naguère crier que sa maison s'était envolée dans la poule du voisin, car sa pensée me semblait assez claire ». Cette fois l'auditeur est Spinoza lui-même, et il se garde de l'erreur de croire qu'il y a erreur: comme il a entendu l'énoncé dans son *contexte* et dans son *énonciation* (le cri, trahissant le trouble du locuteur), il est allé droit à la pensée sans se laisser égarer par les mouvements corporels. C'est le modèle de la bonne interprétation: il n'y a plus d'erreur du tout, ni du côté du locuteur, dont la pensée est claire, ni chez l'auditeur qui la comprend d'un coup, en négligeant le travers de transmission, le lapsus. N'accusons pas l'homme de penser des absurdités, sous prétexte qu'il en dit, simplement parce que la machine verbale s'est enrayée, sous le coup de quelque émotion. Comme dit Alain (qui aimait à citer cet exemple), cela est du corps. Rendons au corps ce qui est au corps, à la pensée ce qui est à la pensée.

Dans la Pensée, attribut de Dieu dont notre entendement n'est qu'un mode, il ne saurait y avoir de contradictions; il n'y a que des incorrections dans l'expression et, surtout, des malentendus dans l'interprétation. Les controverses naissent donc de ce que tantôt nous disons la même chose avec des mots différents, tantôt inversement des choses différentes avec les mêmes mots. Sans s'en rendre compte, les interlocuteurs sont en pensée d'accord au moment où ils s'opposent en paroles, la diversité des expressions dissimulant l'unité de la Pensée. Ainsi, les principales erreurs que Spinoza dénonce ne sont pas à proprement parler des erreurs de pensée, mais des mots vides de pensée, qu'il réduit à leur inanité sonore : « ce que disent les gens, à savoir que les actions humaines dépendent de la volonté, ce sont des mots dont ils n'ont aucune idée »[1] ; dire que Dieu s'est fait homme est aussi absurde que de dire qu'un cercle est devenu carré[2]. D'autres fois au contraire il s'efforce d'éclairer des formulations ambiguës, notamment lorsqu'il s'adresse à un interlocuteur particulier[3]. Tout discours semble ainsi réductible, soit à l'absurde, soit au vrai. Aussi Spinoza répugne-t-il à dénoncer « les erreurs des autres »[4].

La thèse est de taille : soit on pense, et alors on pense quelque chose de vrai ; soit on ne pense pas du tout. Nulle pensée n'est absurde : à une parole absurde, ne correspond aucune pensée, ou bien une autre pensée. Lorsque donc nous croyons que les autres se trompent, c'est nous qui nous trompons, en leur prêtant une pensée qui n'est pas la leur, et qui souvent n'est la pensée de personne. Certes, il y va de leur faute, s'ils s'expriment incorrectement. Mais de la nôtre surtout, si au lieu de juger des mots par la pensée, nous jugeons de la pensée par les mots[5].

Et Spinoza retrouve ici le vocabulaire du mal. À l'explication simplement « incorrecte » s'oppose l'interprétation « mauvaise », qui « pervertit », « déprave » ou « gauchit » les paroles d'autrui, et l'on voit le philosophe s'emporter contre ceux qui interprètent de travers l'Écriture sainte ou ses propres écrits, « par malice ou par ignorance ? J'aurais peine à le dire »[6] – comme s'il y voyait de la *mauvaise*

1. *Éthique* II, 35, scolie.

2. Lettre 73. Cf. *Traité théologico-politique* (*TTP*), I, § 19 (nous renvoyons à l'édition de Moreau, Paris, PUF, 1998).

3. *Éthique* I, 17 scolie ; II, 7 scolie ; Lettre 58 à Tschirnhaus.

4. Lettre 2. *Cf.* P. Sévérac, « Spinoza et l'erreur des autres », *L'enseignement philosophique*, n°6, juillet-août 1997, p. 31-40.

5. Cf. *Pensées métaphysiques* I, 1 et 3.

6. Lettre 43 ; cf. *TTP* VII, § 19 ; XII, § 10.

volonté. Jusqu'à dire que les ruses de ces gens-là sont pires que celles qu'on attribue au diable[1] : au delà des paroles, on condamne les intentions « mauvaises » et la personne même du locuteur. À croire que s'il reste quelque chose du « mal » dans le spinozisme, qui passe pour l'avoir éradiqué de la Nature, c'est dans l'espace intermédiaire de l'interprétation qu'il se situe.

En effet, « rien ne peut être *dit si correctement* qu'il ne puisse être déformé par *une mauvaise interprétation* »[2]. C'est une des raisons pour lesquelles Spinoza décline l'offre d'enseigner à Heidelberg : « les schismes ne naissent pas tant d'une passion ardente pour la religion, que de l'affect divers des hommes, ou du goût de la contradiction, par lequel ils ont coutume de déformer et de condamner tout, *même dit correctement* »[3]. Notons qu'Appuhn a lui-même déformé ce passage, en traduisant « *omnia, etsi recte dicta sint, depravare, & damnare solent* » par « toutes les paroles, même quand elles sont l'expression d'une pensée droite ». Or la question de la rectitude se situe au niveau non de la pensée, mais du langage. Spinoza n'oppose pas la pensée droite à celle qui ne le serait pas, mais deux types d'expressions, et, plus encore, deux façons d'interpréter. Prétendre dénoncer une pensée incorrecte, c'est justement le propre de l'interprétation malveillante. Ce n'est pas parce que quelqu'un *parle* mal qu'il *pense* mal. C'est dans ce déplacement qu'est le mal véritable : du mal dire, on passe à la médisance, à la calomnie.

Calomnie qui s'étend finalement à l'entendement humain lui-même, réputé erratique, soit accidentellement, soit radicalement, par volonté mauvaise ou vice originaire de l'entendement. C'est le fond du discours des théologiens qu'ils appuient sur une interprétation abusive de la Bible : la raison humaine serait foncièrement pervertie. Ainsi procèdent les superstitieux qui « extorquent » à l'Écriture toutes leurs « fictions délirantes », afin qu'elle « paraisse contredire entièrement à la raison et à la nature »[4]. Ils ne pensent pas ce qu'ils disent, puisque cela contredit la raison, mais ils font comme si l'Esprit saint,

1. *Cf.* la fin de la Lettre 50.
2. *TTP* XII, § 3.
3. Lettre 48.
4. *TTP* VII, § 1.

lui, pouvait le penser, étant « au-dessus » de la raison. Ils s'appuient donc sur l'autorité sacrée pour dénigrer la raison. Le propre du superstitieux n'est pas qu'il délire, mais qu'il *fait délirer les autres*, les dieux, la nature, les prophètes [1]. Ce que vise l'interprétation perverse, c'est l'exercice de la raison – la philosophie. Aussi la philosophie doit-elle se défendre et énoncer, contre les « mauvaises » interprétations, ce que doit être la bonne.

Des trois exemples du scolie, on peut tirer trois règles, consistant à poser à tout énoncé trois questions :

1) une *question de mot* : *de quoi peut parler* mon interlocuteur ? Il entend peut-être par « cercle », au moment du moins où il prononce ce mot, autre chose que moi : pour éviter les quiproquos, il faut avant tout s'entendre sur *le sens des mots*.

2) une *question de logique* : *que peut-il penser ?* « 7 + 5 = 11 » n'est pas un objet de pensée, simplement un effet de langage ; et si l'erreur s'inscrit dans un contexte logique, tel un raisonnement mathématique, on peut fort bien reconstituer un discours cohérent et corriger les erreurs d'expression. Au lieu d'épingler l'erreur, on s'appuiera si possible sur *la logique* du calcul pour reconstituer la pensée. Un bon maître de mathématiques ne regarde pas aux étourderies, il examine *la cohérence du raisonnement*.

3) une *question de contexte* : *que peut-il vouloir dire ?* Cette fois on s'appuie tant sur le contexte extérieur que sur le bon sens ; un peu de bon sens, de bonne volonté, d'attention ou d'empathie, il n'en faut pas plus pour interpréter correctement. Le troisième exemple combine en quelque sorte les deux premiers : on demande d'abord si c'est bien du cercle que parle celui qui lui attribue les propriétés du carré, de la maison que parle celui qui lui attribue les capacités de la poule. Puis, on recherche ce qui en est dit, en fonction du *contexte logique* ou des *circonstances historiques*.

1. Cf. *Éthique* I, Appendice : « qui cherche les vraies causes des miracles et s'applique à connaître en savant les choses naturelles au lieu de s'en étonner comme un sot, partout passe pour hérétique et impie et proclamé tel par ceux que le vulgaire adore comme des interprètes de la Nature et des Dieux. Car ils savent que détruire l'ignorance, c'est détruire la stupeur, c'est-à-dire leur unique moyen d'argumenter et de conserver leur autorité ».

Tel est l'ordre géométrique suivi par l'*Éthique*, qui commence par *définir le sens des mots et des concepts*, pour les intégrer dans un *ordre logique rigoureux et cohérent*, un enchaînement de théorèmes et de démonstrations qui s'adresse à la raison de chacun, et dont enfin les scolies déterminent le *champ d'application* dans la vie même. Les règles d'une bonne explication sont aussi celles d'une bonne interprétation : au lecteur de les appliquer à son tour, s'il veut se placer dans la pensée de l'auteur.

Telles sont, de fait, les trois règles que propose le chapitre VII du *TTP* pour l'interprétation de l'Écriture sainte, en vue d'échapper à l'arbitraire des interprétations et à la violence des controverses. Pour « interpréter l'Écriture d'après l'Écriture elle-même », sans faire intervenir quelque autorité extérieure, il convient et il suffit, dit ce chapitre, d'appliquer les trois règles suivantes.

1) *Règle philologique* : connaître la nature de la langue dans laquelle l'Écriture fut écrite, afin de déterminer tous les sens possibles de chaque phrase selon l'usage commun de la langue.

Exemple : quand Moïse dit que « Dieu est un feu » il faut d'abord se demander quel sens peut avoir le mot « feu ». Celui-ci a en hébreu deux sens, matériel et métaphorique (jalousie). Comme personne n'a pu changer la signification d'un mot dans tout le corpus de la langue [1], l'exemple de l'*Éthique* (un individu modifie ponctuellement le sens usuel du mot cercle) devient dans le *TTP* une règle philologique.

2) *Règle logique* : pour chaque livre, repérer les contradictions et discerner dans quel cas il faut s'en tenir au sens littéral, dans quel cas on doit admettre le sens métaphorique.

Exemple : en disant que *Dieu est un feu*, Moïse a employé le mot « feu » dans son sens métaphorique, puisque par ailleurs il affirme que Dieu n'est pas un corps, et que (règle 1) la langue admet le sens imagé. *Dieu est un feu* est donc une façon de dire que Dieu est jaloux. En revanche, l'énoncé *Dieu est jaloux* est à prendre à la lettre puisque Moïse ne contredit jamais lui-même cette affirmation. Nous pouvons en conclure que Moïse professe au sujet de Dieu une conception non certes matérialiste, mais assurément anthropomorphiste.

1. Cf. *TTP* VII, § 9.

C'est ainsi qu'on doit dégager le sens des textes ; et si cette enquête n'aboutit pas, si « l'usage de la langue » ne permet pas de concilier les affirmations contradictoires, « il faudra suspendre son jugement »[1], sans s'autoriser de notre ignorance pour faire délirer le prophète ou corriger arbitrairement ses propos. Le repérage des déplacements sémantiques et leur éventuelle explication paraissent donc bien fonctionner à l'instar du bon professeur de mathématiques.

3) Règle *historique* : replacer le texte dans son contexte, l'occasion qui l'a fait proférer, l'intention qui l'a pu dicter. Pour cela, reconstituer la mentalité de chacun des auteurs de l'Écriture : leur vie, leurs préoccupations, celles de leur public, les circonstances et le style de leurs discours, enfin les avatars du texte, qui a pu au cours des temps être falsifié ou corrigé.

Ainsi, la révélation « variait pour chaque prophète selon la disposition de son tempérament et de son imagination » ; « Dieu ne possède aucun style particulier » mais varie selon l'érudition et la capacité du prophète ; variaient enfin « les représentations prophétiques et les symboles, bien que signifiant la même chose »[2]. Moïse n'est pas censé avoir la même perception de Dieu que tel autre prophète ou apôtre.

La méthode d'interprétation de l'Écriture consiste donc à établir un *thesaurus de la langue*, pour saisir *la pensée de chaque auteur*, avant de l'expliquer en fonction du contexte, d'en délimiter *le champ d'implication psychosociale*. La *philologie* fait connaître le sens des mots, la *logique* permet de décider du sens précis dans lequel ils sont utilisés, *l'histoire* enfin permet de reconstituer autant que possible la pensée des auteurs, de même que la connaissance de la langue, de la logique et du contexte avaient permis à Spinoza de débrouiller l'affaire de la poule. Certes, ce sera nettement plus complexe et difficile en ce qui concerne la Bible, car il n'y a pas de témoin direct, mais le principe et la finalité ne sont-ils pas fondamentalement les mêmes ?

Pas sûr cependant, car le parallèle achoppe au niveau de la seconde règle. Dans l'*Éthique*, l'exemple est clair : on peut *écrire* sur le papier

1. *TTP* VII, § 5.
2. *TTP* II, § 7-10.

une erreur de calcul que nul ne peut *penser*. On en déduit que l'auteur a pensé autre chose, « si nous avons égard à sa pensée ». Pour cela, il faut, avons-nous vu, s'appuyer sur deux éléments : la vérité que nous connaissons nous-mêmes sur le sujet, et la logique interne propre à l'auteur. La logique est ici à prendre au sens fort. Nous savons tous que 7 et 5 ne font pas 11, et nous savons tous ce qu'ils font ; de même que nous savons qu'une maison ne vole pas. Pour comprendre le voisin, j'exclus d'emblée qu'il puisse avoir vu ou imaginé des maisons volantes et des poules géantes. Sachant que son voisin n'est pas sujet aux visions ou hallucinations, Spinoza ne se fait pas scrupule de se placer dans sa pensée, et de corriger le lapsus.

Mais l'Écriture, elle, « traite très souvent de sujets impossibles à déduire de principes connus par la raison naturelle : histoires et révélations en composent la plus grande part » ; des histoires assez analogues à celle de la poule, des histoires de maisons volantes ou de chevaux ailés, comme lorsque Élie gagna le ciel sur un char et des chevaux de feu[1]. Bref, l'Écriture relève de la « Révélation », laquelle *contredit* souvent la lumière naturelle. La révélation est irréductiblement la parole d'un *Autre*. Elle exclut qu'on puisse avoir un accès direct et intégral à la pensée qui s'exprime, entrer en elle pour en apprécier la vérité, la réduire à la Pensée commune. Pas question donc de ramener de force ces récits et ces révélations à la vraisemblance et à la rationalité ; rien ne nous autorise à les conformer à la raison. Ce serait une véritable « torture » du texte, aussi violente que l'interprétation irrationaliste des théologiens qui prétendent, eux, trouver dans la Bible des raisons de dénigrer la Raison. Tel est le sens de la critique véhémente que Spinoza dirige contre ceux qui tentent de rationaliser la Bible à toute force[2].

Dès lors, ce qui au regard de l'*Éthique* est pur non-sens paraît prendre sens dans le *TTP*. Spinoza y introduit en effet dans cette deuxième règle une distinction entre le *sens* et la *vérité* : « j'appelle ici claires ou obscures les affirmations dont le sens se tire facilement ou difficilement du contexte du discours, mais non pas celles dont la

1. Cf. *TTP* VII, § 16.
2. *TTP* VII, § 20-21 ; XV, § 1.

vérité est perçue facilement ou difficilement par la raison. Car nous nous occupons seulement du sens des discours et non de leur vérité »[1]. En conséquence, « pour ne pas confondre le sens vrai avec la vérité des choses »[2], il faut restreindre l'usage de la raison à la logique *interne* du texte. Quand Moïse déclare que *Dieu est jaloux*, nous n'avons pas le droit d'en appeler à ce que la raison nous enseigne par ailleurs – à savoir que Dieu ne saurait éprouver de passions – pour décider qu'on ne peut prendre cette affirmation à la lettre. Et si nous avons pu interpréter métaphoriquement l'énoncé *Dieu est un feu*, ce n'est pas parce que nous savons par la raison naturelle que Dieu n'est pas corporel, mais seulement parce que Moïse enseigne clairement qu'il ne l'est pas. Ces deux affirmations, dit Spinoza, « sont on ne peut plus claires aussi longtemps que nous ne prêtons attention qu'à la signification des mots, et c'est pourquoi je les range également parmi les affirmations claires, même si, du point de vue de la vérité et de la raison, elles sont très obscures ; bien plus, quoique leur sens littéral répugne à la lumière naturelle, c'est néanmoins ce sens littéral qu'il faudra retenir, à moins qu'il ne s'oppose clairement aux principes et fondements tirés de l'histoire de l'Écriture »[3]. Il y a donc une clarté littérale qui n'est pas la clarté rationnelle. L'interprétation a pour objet, dans le cas de l'Écriture sainte, le sens littéral et non la vérité.

Cette règle, on peut encore la nommer règle logique, puisqu'elle s'appuie sur le principe de contradiction ; toutefois ce principe ne sert plus à discerner la vérité de l'énoncé examiné, mais seulement le vrai sens : la raison limite son exercice à la cohérence interne, et ne s'interroge ni ne s'appuie sur la conformité au vrai. Aussi est-ce correctement interpréter Moïse que de lui prêter ces propos que nous savons pourtant faux. Autrement dit, nous devrions admettre que telle est bien « la pensée de Moïse ». Spinoza paraît ainsi contredire ce qu'il affirme dans l'*Éthique* : nous pouvons fort bien reconnaître qu'un auteur a pu *penser* quelque chose qui n'est pas conforme à la vérité, pourvu que ce soit en conformité avec la cohérence *interne* de sa pensée.

1. *TTP* VII, § 5.
2. *Ibid.*
3. *Ibid.*

Les interprétations traditionnelles partaient au contraire du principe que tout est vrai dans l'Écriture[1] : identifiant d'office sens et vérité, elles s'efforçaient d'éclairer les obscurités du texte en recourant à une autorité extérieure, que ce soit la fantaisie propre à chacun (interprétation « inspirée », le lecteur se prétendant lui-même prophète) ou le dogme énoncé par l'Église, « maîtresse du sens et magistère de vérité »[2], prétendument détentrice d'une tradition infaillible, (ce qui la conduit à rejeter la raison là où l'Écriture la contredit); ou enfin l'autorité de la raison, lorsque les philosophes s'efforcèrent au contraire de la concilier avec le texte sacré.

C'est dans cet esprit qu'un ami de Spinoza, Louis Meyer, a publié en 1665 *La philosophie interprète de l'Écriture sainte*[3]. Puisque l'Écriture contient la parole de Dieu, que la parole de Dieu est nécessairement parole de vérité, et que nous disposons par ailleurs d'une autre source de vérité qui par définition ne saurait contredire la première, la raison est le critère pour déterminer ce qu'est la parole de Dieu et la séparer de ses figures. Conclusion : tout ce qui n'est pas conforme à la lumière de la raison doit être banni ou interprété de manière allégorique, de manière à rejoindre les enseignements de la raison. Or, selon Meyer, ce qu'enseigne la lumière naturelle, c'est le cartésianisme. L'Écriture est donc une allégorie du cartésianisme. Et de même que l'exégèse patristique décelait les images de la résurrection du Christ dans chaque épisode de l'Ancien Testament, Meyer s'évertue à déchiffrer les *Principes de la philosophie* dans la *Genèse*. Cet allégorisme rationaliste est ancien : Philon, du côté juif, puis Maïmonide que Spinoza critique nommément, du côté chrétien Paul puis Origène, avaient éprouvé le besoin d'accorder la révélation avec le rationalisme grec (platonicien ou stoïcien), de sorte que l'Écriture devenait une philosophie cryptée en figures et récits[4]. Ce qui n'est pas,

1. Pour un tableau de ces méthodes, *cf.* T. Todorov, *Symbolisme et Interprétation*, Paris, Seuil, 1978; S. Breton, *Spinoza. Théologie et politique*, Paris, Desclée, 1977.

2. S. Breton, *Spinoza. Théologie et politique*, *op. cit.*

3. Trad. fr., préface et notes P.-F. Moreau et J. Lagrée, Paris, Intertextes, 1988.

4. L'initiateur de cette méthode semble être le disciple d'Anaxagore Métrodore de Lampsaque, qui interprétait Homère et la mythologie grecque au regard de la science physique de son maître, peut-être en vue de soustraire celui-ci aux accusations

objecte Spinoza, rendre service à la philosophie : jamais le magistère des philosophes ne sera pris au sérieux par le peuple. La philosophie, vraie ou fausse, ne peut être le critère de l'interprétation, parce que le but est différent : la philosophie vise la vérité, et est réservée à une élite capable de s'y consacrer, alors que la religion vise l'obéissance et s'adresse à tous. C'est, reproche Spinoza à Maïmonide, « délirer avec la raison » que de vouloir déceler la raison partout, surtout dans un texte qui n'a pas pour objectif premier la vérité. Ce délire ne vaut guère mieux que celui des traditionalistes qui dénigrent la raison naturelle au nom des mystères bibliques.

Rationaliste ou antirationaliste, ce type d'interprétation qui identifie d'emblée sens et vérité a pu être qualifié par T. Todorov de « finaliste »[1] : le terme est approprié, puisque cette méthode, conformément au processus dénoncé dans l'appendice de l'*Éthique* I, met les choses à l'envers, et commence par décréter, avant toute recherche, le sens à découvrir. L'interprétation finaliste consiste à extorquer au texte (*torquere*, dit Spinoza) un sens défini au préalable, d'autorité. Technique commune, selon Todorov, à la patristique, au marxisme et au freudisme. Quel que soit le texte ou le discours, on sait d'avance ce qu'il signifie : la venue du Messie, les rapports de classes, le refoulement des pulsions. Ce sens, il n'est pas besoin que l'auteur le connaisse lui-même ; l'interprétation n'a pas pour objet de retrouver l'intention consciente de l'auteur, mais le sens qui appartient à Dieu, à l'Histoire ou à l'Inconscient. C'est pourquoi la patristique pose en principe que l'auteur véritable des Écritures est Dieu lui-même : les auteurs humains n'en sont que les secrétaires, il n'y a pas à s'interroger sur leur pensée personnelle.

La méthode prônée par Spinoza est aux antipodes : elle refuse l'autorité extérieure, à l'instar de l'exégèse protestante (la « *Scriptura sola* ») mais, contrairement à cette dernière, ne présuppose pas non plus que le texte soit homogène et dise partout la même chose, encore moins partout la vérité. C'est là, observe Todorov, l'inversion exacte

d'athéisme ; ainsi les héros symbolisaient des réalités naturelles, Agamemnon l'éther, Achille le soleil, etc. Cf. *Présocratiques*, Paris, Gallimard, 1988, p. 693-694.

1. *Cf.* Todorov, *Symbolisme et Interprétation*, *op. cit.*, p. 125-138.

du principe fondamental de la patristique, mais aussi du rationalisme, pour qui le résultat de l'interprétation est donné d'avance. « Loin de pouvoir servir comme principe conducteur de l'interprétation, le sens nouveau doit en être le résultat ; on ne peut chercher un objet à l'aide de cet objet même. L'établissement du texte doit s'accomplir indépendamment de toute référence à la vérité de ce texte. »[1] Cette distinction du sens et de la vérité fait de Spinoza le précurseur de l'exégèse dite « historico-critique » qui ne sera vraiment définie et pratiquée qu'au XIXe siècle, et dont il a dessiné les grandes lignes : recherches philologiques, historiques et critiques. Cette méthode réduit le texte biblique au statut d'objet naturel, justiciable comme tout autre de la science naturelle. Le modèle invoqué par Spinoza est de fait la science expérimentale de Bacon (« l'interprétation de la nature »), le relevé des faits (l'enquête : *historia*) et la recherche des définitions[2]. Elle met donc entre parenthèses le caractère sacré de l'Écriture, l'opinion selon laquelle elle contiendrait la « parole de Dieu » ou « la vérité ». La seule vérité ici recherchée est celle du sens.

Cependant, cette distinction paraît devoir compromettre la cohérence générale du spinozisme lui-même. Car, au regard de l'*Éthique*, un énoncé tel que « Dieu est jaloux », non seulement est faux, mais n'a pas non plus le moindre sens. Spinoza le dit explicitement : prêter à Dieu les qualités de l'homme est aussi peu compréhensible que parler d'un cercle carré. Dans le *TTP*, Spinoza paraît admettre qu'on puisse penser des choses fausses, alors que dans l'*Éthique*, un tel énoncé est dénoncé, non seulement comme faux, mais comme une pure absurdité, proprement *impensable*. Entre l'absurde et le vrai, il n'y a pas d'intermédiaire. Aussi, lorsqu'on passe de l'*Éthique* au *TTP*, on ne peut se défendre d'une certaine perplexité en voyant Spinoza à la fois accepter sinon assumer, dans une certaine mesure, le langage imagé de la Bible à propos de Dieu, tout en tenant dans d'autres passages du même ouvrage le langage rigoureux et anti-anthropomorphique qui sera celui de l'*Éthique*.

1. Todorov, *Symbolisme et Interprétation*, *op. cit.*, p. 132.

2. *TTP* VII, § 2 : « la méthode d'interprétation de l'Écriture ne diffère pas de la méthode d'interprétation de la nature, mais lui est entièrement conforme ».

Comment résoudre cette contradiction? Un moyen assez simple serait de supposer une ruse : Spinoza suggèrerait que « la pensée des auteurs de la Bible [...] n'en est pas vraiment une »[1] : par antiphrase, ou ironie, le terme de « sens » recouvrirait purement et simplement le non-sens. Il nous serait donné à entendre que l'Écriture n'est qu'un tissu d'absurdités.

L'étude de l'interprétation *chez* Spinoza nous conduit ainsi à nous interroger sur l'interprétation *de* Spinoza. Or celle que nous venons de mentionner a son classique : le célèbre texte de Leo Strauss intitulé « Comment lire le *Traité théologico-politique* »[2]. Selon Strauss, les contradictions dont Spinoza parsème son traité sont un moyen d'indiquer aux lecteurs les plus avertis sa pensée intime, dissimulée parmi des formules convenues. Pourquoi cette dissimulation? C'est que l'enjeu du débat serait la possibilité ou impossibilité de la Révélation, dans une époque où le simple fait de poser la question expose d'emblée à la persécution. Le but caché serait donc de ruiner la Révélation, selon la formule de Strauss, et à cette fin Spinoza, par prudence et par ruse, tiendrait un double langage. Reprenant à son compte le travers que nous l'avons vu dénoncer dans le scolie, délibérément, il entendrait par le mot « Dieu » deux choses différentes selon que le mot désigne dans son esprit la substance infinie ou le Dieu « révélé », c'est-à-dire celui qu'on imagine, et qui n'a strictement aucun rapport avec le premier.

D'où un type de lecture qui a toujours ses partisans : le *décodage*. L'interprétation se réduit à une enquête de détective à la fois subtile dans sa méthode et décevante dans son résultat; on suppose en effet que la pensée est en soi simple, que son apparente complexité s'explique non par sa complexité interne, mais par la persécution qui la menace de l'extérieur. Ainsi, Strauss conclut son enquête en affirmant que Spinoza ne fait qu'enseigner l'athéisme de manière déguisée – Velthuysen ne l'avait pas attendu[3]. Surtout, Strauss réduit

1. A. Comte-Sponville, « Spinoza contre les herméneutes », dans *Une éducation philosophique*, Paris, PUF, 1989, p. 259.

2. L. Strauss, *La Persécution et l'art d'écrire*, trad. fr. O. Sedeyn, Paris, Éditions de l'Éclat, 2003.

3. *Cf.* Lettre 42.

la supposée thèse spinoziste au statut d'une simple opinion, toute l'argumentation apparente relevant seulement de la dissimulation et de la stratégie; il serait vain d'argumenter dans un tel débat, qui porte sur la validité même de l'argumentation rationnelle. Dès lors, Spinoza échoue à faire passer ses thèses, puisque les « Lumières » ne peuvent qu'*ironiser* à l'égard de la révélation : le rire est une arme puissante, mais sans légitimité. Le conflit entre révélation et raison est indépassable. Telle est la conclusion, mais aussi le présupposé de l'investigation straussienne, que l'on peut donc ranger parmi les interprétations « finalistes ».

La thèse du double langage fait manifestement violence aux règles que Spinoza lui-même propose et aux principes du spinozisme tels qu'ils sont exposés explicitement, notamment à la fin de la quatrième partie de l'*Éthique*. On peut bien entendu négliger ces protestations, voire même y déceler des aveux déguisés, pour développer une interprétation *soupçonneuse*. On peut aussi donner ses chances à la cohérence, et montrer, avec P.-F. Moreau, « que l'on s'empresse de considérer comme contradictoires des formules qui ne parlent pas nécessairement de la même chose »[1]. On aura reconnu la formule du scolie de l'*Éthique*. Il faut voir si la controverse ne vient pas, ici comme ailleurs, de malentendus, de contradictions apparentes et de faux problèmes.

La méthode historico-critique moderne peut être considérée comme l'aboutissement d'un parcours qui ne fait que développer la logique de la controverse autour de la « Révélation ». La concurrence des interprétations individuelles impose l'arbitrage d'un magistère universel pour constituer un dogme; à leur tour les Églises connaissent des schismes, d'où l'idée, en vogue au XVIIe siècle, de remettre le magistère à la Raison pour mettre fin aux conflits; devant la vanité de cette tentative, la raison se rabat sur la science historique qui cherche non plus à rationaliser à toute force le texte, mais à en dégager, plus modestement, le sens. Mais cette méthode a un prix : naturalisé, le texte court le risque de la désacralisation, et l'enquête historique donne tous les outils pour une critique radicale de la Révélation par les « Lumières ». La recherche de la vérité n'a plus pour objet que

1. P.-F. Moreau, *Spinoza, l'expérience et l'éternité*, Paris, PUF, 1994, p. 348.

l'ensemble des préjugés humains. Peut-on avec Strauss faire porter à Spinoza la responsabilité de cette critique et de cette désacralisation ?

Il y a en réalité une différence importante entre la méthode conçue par Spinoza et la méthode moderne. Pour celle-ci, l'essentiel est historique; le texte est considéré comme un pur document sur les temps anciens. Son but ultime, c'est la reconstitution de la culture et des mentalités, et dans sa partie philologique, la reconstitution du texte original. Du reste celle-ci, comme l'observe Todorov, a peu à peu perdu sa finalité propre. « L'objectif principal devient la connaissance historique d'une culture, et celle-ci pourra se servir d'auxiliaires tel que l'interprétation des textes. [...] La lecture philologique d'une page ne vise plus l'établissement de son sens; cette page n'est qu'un moyen d'accès à un individu, un temps, un lieu. L'interprétation des textes est simplement l'un des outils mis au service de *l'histoire des mentalités* »[1]. Pour Spinoza au contraire, l'enquête historique n'est qu'un moyen; la détermination du sens renvoie finalement à « l'analyse structurelle », et à « la cohérence entre les parties ». En cela, Spinoza reste fidèle au principe « finaliste » de la patristique : un texte (pourvu qu'il soit *un* texte) ne peut pas se contredire fondamentalement[2]. Car le sens est inséparable de l'unité des Livres, et cette unité de leur usage sacré[3]. La Bible ne saurait se comprendre indépendamment de l'usage qu'elle commande. Interpréter l'Écriture par l'Écriture, ce n'est pas fermer le texte sur lui-même, mais au contraire l'ouvrir au public auquel elle est destinée : car l'Écriture se définit essentiellement par cette relation. Si elle est un document, c'est qu'avant de *nous* documenter sur ce public elle contient d'abord un enseignement (*documentum*) adapté dans sa forme à ce public mais susceptible de revêtir d'autres formes pour d'autres publics. Il n'est donc pas question pour Spinoza de réduire la Bible à un ensemble de documents historiques, ni même de s'arrêter à la simple exégèse de

1. Todorov, *Symbolisme et Interprétation*, *op. cit.*, p. 141-142.

2. *Ibid.*, p. 134.

3. Ainsi les mots ne tirent leur signification que de leur usage : s'ils disposent le lecteur à la dévotion, ils sont sacrés; si l'usage change, ils perdent leur sainteté (cf. *TTP* XII, § 5).

chaque livre de la Bible : celle-ci y perdrait sa nature propre, son unité essentielle, son individualité [1].

Aussi voyons-nous Spinoza, en quelque sorte par avance, désamorcer les tentations scientistes de la méthode historico-critique qu'il préfigure. S'il rejette l'idée d'un magistère exercé par les philosophes, il n'entend pas pour autant réduire le texte sacré à une pure mythologie utile pour les ignorants. L'essentiel reste au contraire de savoir en quoi l'Écriture contient la parole divine et donc le vrai : cette question fait l'objet des chapitres XII à XV du *TTP*. Il faut montrer que l'Écriture reste sacrée dans la mesure où l'essentiel, la « parole de Dieu », a été transmis sans erreur possible – de même que la pensée du voisin sur sa poule, malgré ses scories, est parfaitement compréhensible.

Par conséquent, la question de la vérité n'est pas entièrement écartée, elle est bien plutôt reportée. Ce que Spinoza reproche aux autres méthodes d'exégèse, c'est leur précipitation. Elles veulent *tout de suite et partout* rabattre le sens sur la vérité, l'interprétation sur l'explication. Mais Spinoza n'exclut pas pour autant l'examen de la vérité de l'Écriture; il en diffère seulement le moment. Au lieu de postuler d'office que le texte sacré est « partout vrai », il faut se demander en quoi il l'est, à quel niveau : « la plupart supposent comme fondement (pour interpréter l'Écriture et en extraire le sens vrai), qu'elle est *partout* vérace et divine, prenant pour règle de son interprétation ce qu'on devrait établir après l'avoir comprise au terme d'un examen sévère, et que nous montrerions bien mieux par l'Écriture elle-même, qui n'a nul besoin de fictions humaines » [2].

Une fois le sens expliqué, il reste à décider de la vérité : « Après que nous disposerons de cette histoire de l'Écriture, et que nous nous serons fermement décidés à ne rien établir avec certitude comme doctrine des prophètes, qui ne suive de cette histoire ou bien n'en soit

1. *Cf.* A. Matheron, « Le statut ontologique de l'Écriture sainte et la doctrine spinoziste de l'individualité », dans *L'Écriture sainte au temps de Spinoza et dans le système spinoziste*, « GRS, Travaux et documents » 4, Paris, Presses de l'Université de Paris-Sorbonne, 1992, p. 109-118.

2. Cf. *TTP* Préface, § 9.

tiré avec la plus grande clarté, alors il sera temps de scruter la pensée des prophètes et de l'Esprit saint »[1]; « il est vrai qu'il faut expliquer l'Écriture par l'Écriture, aussi longtemps qu'on recherche *le seul sens des discours et la pensée des prophètes*. Mais après avoir dégagé le sens vrai, il faut nécessairement user *de jugement et de raison, pour lui accorder notre assentiment* »[2]. La méthode a donc un double objet : d'abord « la pensée des prophètes et des narrateurs » ; mais ensuite « la pensée de l'Esprit saint et la vérité de la chose »[3]. La première a pour objectif le sens, la seconde le vrai. Le but de l'interprétation n'est pas seulement d'éclaircir la pensée des différents auteurs; l'essentiel est d'en distinguer l'enseignement global de l'Écriture, ce en quoi elle contient véritablement la parole de Dieu. Pour cela, Spinoza applique *à nouveau* les trois règles, et se réfère à nouveau à la méthode baconienne, mais sous son autre angle, celui qui vise à dégager les lois les plus universelles de la nature, pour redescendre ensuite aux plus particulières[4]. Les trois règles s'appliquent donc à un niveau global[5] :

1) *Archéologie* : la « connaissance historique de l'Écriture », celle qui détermine la pensée *particulière* des prophètes (là, il faut « ne pas confondre le sens vrai avec la vérité de la chose »). On a vu plus haut comment cette étape se décline elle-même en trois phases.

2) *Doctrine* : « ce qui est le plus universel » et dépasse les contradictions entre prophètes. Toute opinion qui rencontre son contraire dans la Bible (les opinions contradictoires des prophètes sur le libre décret de Dieu, etc.) ne concerne pas le vrai objet de la Bible, à savoir l'enseignement moral et universel de justice et charité. C'est « la pensée de l'Esprit saint », la « Parole de Dieu », qui s'accorde pleinement avec l'enseignement de la raison, voix de Dieu en nous. C'est là sa « doctrine éternelle », « que l'Écriture enseigne partout si clairement et si expressément qu'il n'y eut jamais personne pour discuter

1. *TTP*, VII, § 6.
2. *TTP* XV, § 3.
3. *TTP* VII, § 8.
4. *TTP* VII, § 6.
5. Nous reprenons ici l'analyse de P.-F. Moreau, *Spinoza, l'expérience et l'éternité*, *op. cit.*, p. 349-350 : « Lire l'Écriture sainte, c'est donc à la fois comprendre ce qu'elle dit, dégager ce qu'elle enseigne, et politiquement, apprendre ce que livre son expérience ».

du sens de l'Écriture à ce sujet». L'enquête rejoint ici «la vérité de la chose», c'est-à-dire les enseignements mêmes de la raison [1].

3) *Histoire*: «une fois la doctrine universelle de l'Écriture parfaitement connue, il faut descendre ensuite à d'autres points moins généraux, qui concernent cependant l'usage commun de la vie et qui sont dérivés comme des petits ruisseaux de cette doctrine universelle, comme sont toutes les actions particulières externes de vertu vraie, qui ne peuvent se pratiquer que dans une occasion donnée; tout ce qu'on trouve sur ces questions d'obscur ou d'ambigu dans les Écritures doit être expliqué et déterminé à partir de la doctrine universelle de l'Écriture; mais si l'on trouve des passages qui se contrarient, il faut voir en quelle occasion, en quel temps et pour qui ils ont été écrits» [2]. On se demandera ainsi pourquoi, dans quel contexte, à qui Moïse a voulu enseigner que Dieu est jaloux: on expliquera la situation du peuple hébreu, la nécessité de le faire obéir à un dieu unique, etc. [3]. De sorte que l'enseignement du Christ à «tendre la joue gauche» ne contredit pas la loi mosaïque, car elle s'explique par un contexte historique tout autre (la dissolution de l'État hébreu). L'Histoire permet, non plus seulement d'interpréter, mais bel et bien d'*expliquer* les contradictions apparentes entre les auteurs, par l'unité de la doctrine et ce qui la fait «dériver»: le contexte et le public. De là, on pourra tirer des applications nouvelles, à notre propre cas et époque: quand doit-on suivre à la lettre les enseignements du Christ et dans quelle mesure concernent-ils uniquement la vie intérieure? En quoi l'État des Hébreux est-il un modèle à suivre encore? Ici le rationalisme reprend ses droits en appliquant la doctrine au temps présent.

Bien qu'il n'ait pas coutume de «critiquer les erreurs des autres», Spinoza a jugé nécessaire de faire un tableau général des méthodes qu'il conteste, à la fin du chapitre VII du *TTP*, une fois exposée la sienne. Ce qu'il critique en effet, c'est la prétention de chacune de ces

1. *TTP* XV, § 6 et 7: les prophètes «n'ont délivré aucun enseignement moral qui ne soit en parfait accord avec la raison. Ce n'est pas par hasard que la parole de Dieu qui s'exprime chez les prophètes s'accorde entièrement avec la parole de Dieu qui s'exprime en nous».

2. *TTP* VII, § 7.

3. *TTP* VII, § 15.

méthodes à s'appliquer à la totalité du texte biblique, excluant donc les autres [1]. Ce qui se produit lorsque l'interprète prétend détenir seul la certitude du vrai sens, c'est-à-dire se fait passer pour prophète pour s'arroger son autorité, jusqu'à contester ou briguer celle du Souverain pour gouverner les esprits.

Mais surtout, une interprétation ne devient néfaste qu'à partir du moment où elle se prétend la seule valable et entend décréter d'emblée et partout ce qu'elle croit vrai en faisant l'économie du sens. La méthode spinoziste ne consiste pas à rejeter purement et simplement les anciennes méthodes pour y substituer une méthode inverse, mais plutôt à distribuer à chacune sa part. En fin de compte elle reprend, mais en les disposant de manière nouvelle, chacune des formes d'interprétation rejetées individuellement. La bonne interprétation est celle qui maintient ensemble les quatre, au lieu de privilégier l'une d'entre elles au détriment des autres. Fausses séparément, elles ne sont vraies qu'ensemble, chacune à son niveau.

1) Spinoza commence par ce en quoi nous avons reconnu les prémisses de la *méthode historico-critique*; mais le but n'est pas tant philologique et historique (reconstituer le texte, faire « l'histoire des mentalités ») que doctrinal : saisir « la pensée de l'Écriture touchant les choses nécessaires au salut et à la béatitude »; tandis que « le reste, puisque pour la plus grande part nous ne pouvons le saisir par la raison et l'entendement, relève plus de la curiosité que de l'utilité » [2]. Bien des passages resteront à jamais obscurs, et cela n'a pas d'importance. Si désacralisation il y a, elle est là. « Il n'y a peut-être pas de plus sévère condamnation d'une certaine conception du sacré que cet aveu de l'insignifiance de la perte », observe P.-F. Moreau : « Spinoza ne cherche pas et n'exige pas la transparence de la totalité du texte. Il cherche bien plutôt la délimitation rigoureuse entre ce qui est connu et ce qui ne l'est pas » [3]. Notons que par là même, au lieu de chercher à absorber la Révélation dans la Rationalité, la méthode spinoziste maintient l'altérité constitutive du discours révélé. L'utilité en est

1. Voir notamment le début du chapitre VII.

2. *TTP* VII, § 17.

3. P.-F. Moreau, *Spinoza, l'expérience et l'éternité*, *op. cit.*, p. 352.

surtout critique : déduction faite de l'inessentiel, l'énoncé des dogmes fondamentaux fera justice du mystère que les théologiens s'efforcent d'extorquer au texte en vue d'opposer la révélation à la raison.

Le but de l'interprétation reste bien la vérité, qui n'est pas seulement historique. Le document historique ne représente pas l'essentiel de l'enseignement biblique. Spinoza n'est donc pas le fondateur d'une « science humaine » et son herméneutique n'est pas fonction d'une désacralisation de la Bible puisqu'elle maintient le postulat qu'elle contient une doctrine homogène et universelle. Il suppose donc contrairement à la méthode moderne, une unité de la Bible.

2) Par conséquent, Spinoza reprend bien l'exigence de l'*interprétation traditionaliste* de ramener l'enseignement de l'Écriture à une dogmatique universelle, claire et facile d'accès, qui serve de critère de lecture [1] – mais, alors que l'exégèse patristique prétend décrypter cette doctrine partout dans le texte, sous forme de signes et d'énigmes, Spinoza affirme qu'elle doit au contraire se dégager en toute clarté de ce qui reste obscur ou historique.

3) On peut dès lors réintroduire *l'interprétation imaginative* individuelle : une fois déterminés les quelques dogmes universels [2], chacun peut et même *doit* les adapter à sa propre compréhension (*captum*), « les interpréter pour lui-même » pour mieux s'y disposer, afin d'obéir à Dieu de son plein consentement [3]. La science biblique s'articule ainsi avec un démocratisme exégétique : si l'interprétation du droit public revient aux magistrats, l'interprétation de l'Écriture relève du droit de chacun [4].

1. Cet enseignement est à peu près le même que celui qu'énonçait saint Augustin : enseigner la charité.

2. Cf. *TTP* XIV.

3. *TTP* XIV, § 11.

4. *TTP* VII, § 22 et XX, *passim*. Sur l'interprétation des lois, voir les chapitres XVIII et XIX. L'interprétation de la Bible et celle des lois politiques ont partie liée puisqu'il faut d'abord définir une méthode rigoureuse et consensuelle d'exégèse du texte sacré avant de savoir si l'on peut, à l'instar de certains théologiens et politiciens, se réclamer de la Bible pour contester l'autorité des gouvernants et censurer la liberté d'expression. La réponse consiste à partager l'autorité sur l'interprétation, selon qu'il s'agit des actes (seul le souverain peut détenir ce droit) ou des pensées (droit inaliénable de chacun), une fois mis à distance l'État des Hébreux où lois religieuse et politique se confondaient.

4) Le philosophe a donc le droit comme tout le monde d'interpréter le texte en fonction de son propre *captum*; or son *captum* à lui, c'est la raison. On constate ainsi que Spinoza, qui reproche aux philosophes de « prêter aux prophètes, par fiction, bien des choses qu'ils n'ont pas pensées, même en songe, interprétant leur pensée de travers »[1], qui n'a pas de mot assez dur pour Maïmonide qui a « déliré avec la raison » dans son interprétation de la Bible, se livre lui-même à l'*interprétation allégorico-rationaliste* sur au moins un texte biblique, l'histoire d'Adam : « toute cette *histoire ou parabole* du premier homme, dit-il au chapitre IV, il serait facile de l'expliquer à partir de ce principe » – ce principe de la raison selon lequel l'homme libre agit par amour du bien et non par peur du mal.

Dès lors, peut-on reprocher à Spinoza de faire ce qu'il reproche à Maïmonide ? Non, pour deux raisons :

– cette explication, Spinoza ne la donne pas dans le *TTP*, « parce que je ne peux être absolument certain que mon explication corresponde à la pensée du rédacteur, et aussi parce que la plupart n'accordent pas que cette histoire soit une parabole mais jugent tout uniment que c'est un simple récit »[2]. L'explication restera *conjecturale*, même lorsqu'elle sera enfin livrée dans l'*Éthique*[3]. La raison ne peut que proposer son explication sans l'imposer; et il lui faut un public bien disposé. Non que la vérité fasse l'objet d'une conjecture (s'il y a quelque chose de pensable dans cette histoire d'Adam, c'est cela et pas autre chose; ou bien il ne reste qu'un « simple récit »), mais que l'auteur, ou le rédacteur, aient pensé ou non cette vérité, c'est cela qui reste conjectural. Ce qui compte, du reste, ce n'est pas de savoir ce que pensait l'homme Moïse, mais ce qu'il y a de pensable (de potentiellement vrai) dans ce que nous pouvons savoir avec certitude qu'il a dit (le sens) : la pensée de l'Esprit saint, et la vérité de la chose.

– L'allégorie philosophique n'est donc pas interdite, mais ne se rapporte qu'à l'intention d'un auteur humain. Dieu lui-même ne s'exprime pas par énigmes ou par paraboles, il ne fait jamais que révéler sans détour une vérité; seul l'entendement limité d'Adam a

1. *TTP* XV, § 1.
2. *TTP* IV, § 11.
3. *Éthique* IV 68, scolie : « c'est cela [...] que Moïse *semble* avoir voulu signifier... ».

transformé cette vérité en « révélation », c'est-à-dire en interdiction – et, finalement, en allégorie. Finaliser l'expression divine sous forme d'une intention de signification, c'est toujours l'œuvre de l'homme. Mais si les prophètes « ont fait parler Dieu »[1], cela ne signifie pas qu'ils l'ont toujours et partout fait « délirer ».

Nous sommes à présent à même d'éclairer le problème posé plus haut : comment Moïse pouvait-il *penser* ce qui au regard de la raison est non seulement faux, mais n'a aucun sens ? En réalité, si l'on regarde de près le texte, jamais Spinoza n'écrit de manière absolue que Moïse *pensait* que Dieu est jaloux. Il dit que « Moïse l'a cru, *ou du moins a voulu l'enseigner* »[2].

Nuance capitale. L'interprétation ne nous donne aucune certitude sur la pensée intime du prophète, mais seulement sur ce qu'en tant que prophète, c'est-à-dire, en tant qu'interprète de la parole divine, il a voulu *enseigner*. Par « sens » il faut donc entendre : les effets que vise à produire un certain discours sur un certain public, en fonction de certaines circonstances. De même que la seule erreur de pensée consiste peut-être à penser que l'autre se trompe ou peut se tromper, de même, Moïse a pu penser que les Hébreux pouvaient penser ce que lui-même, peut-être, ne pensait pas. C'est dans l'espace intermédiaire de l'enseignement que la notion de sens prend sens, de même que c'est dans l'espace de l'interprétation que l'erreur prend consistance dans la pensée[3].

C'est alors la personne de l'auteur, le temps et l'occasion où il a écrit qui éclairent « l'intention que l'auteur a eue *ou pouvait avoir* » ; mieux, « ce que le temps et l'occasion exigeait » est donné pour équivalent de « ce que l'auteur *pouvait avoir dans la pensée* »[4]. Et c'est pourquoi Spinoza revient en conclusion de son exposé sur la nécessité de ne pas confondre « la pensée des prophètes et des narrateurs avec la

1. Sur les trois sens de la « parole de Dieu », voir *TTP* XII, § 7.

2. *TTP* VII, § 5. *Cf.* aussi II, § 14.

3. *Cf.* l'explication de l'idée fictive dans le *Traité de la réforme de l'entendement*, § 56 : lorsque je ne peux plus penser la terre comme une moitié d'orange sur une assiette, je peux encore le dire, et par là penser qu'un autre le pense, prêter à autrui cette pseudo-idée, que moi-même je ne peux pas penser.

4. *TTP* VII, § 15.

pensée de l'Esprit saint et la vérité de la chose», et insiste pour finir sur le caractère conjectural de l'interprétation des premiers. «Il faut cependant noter, au sujet du sens des révélations, que cette méthode enseigne à scruter seulement ce que les prophètes ont réellement vu ou entendu, mais pas ce qu'ils ont voulu signifier ou représenter par ces symboles; car cela, *nous pouvons le conjecturer*, non le déduire avec certitude des fondements de l'Écriture»[1]. Finalement on ne saura jamais avec certitude ce que pensait l'auteur (comment serait-ce possible sans le lui demander?), mais nous pouvons émettre des *conjectures* sur ce qu'il *pouvait penser* en fonction du temps et de l'occasion – en lui faisant crédit, bien sûr, d'une pensée réelle.

On voit maintenant comment l'enseignement du Dieu jaloux peut cesser de s'opposer frontalement à la raison, dès lors qu'on la remet dans le contexte théologico-politique de l'État hébreu. On se souvient que la phrase sur la poule reprenait sens dès lors qu'on distinguait l'*énoncé* de l'*énonciation*. Il en va de même ici : nous devons distinguer l'énoncé pris tout seul (*sententia*) et le même énoncé replacé dans son contexte, l'énonciation (*oratio*). L'*énoncé* «Dieu est jaloux» non seulement est faux, mais encore n'a aucun sens si on le rapporte à l'idée vraie de Dieu; pas plus que de dire que Dieu s'est fait homme ou que le cercle est carré. En revanche, en tant qu'*énonciation* historiquement déterminée, on peut lui trouver un sens et *l'expliquer* si on la replace dans le cadre historique et psychologique qui l'a rendue nécessaire: rapportée aux préjugés du peuple hébreu, on explique comment elle est produite, ainsi que ce qu'elle permet de produire. Ainsi l'erreur cesse d'être une erreur dès qu'on la renvoie à ses causes productives et à ses effets; de même que l'histoire de la poule, passant du statut d'énoncé à celui d'énonciation, a été remise sur pied. La religion n'est qu'un lapsus de la raison.

Toute la complexité de l'interprétation est en fin de compte enfermée dans la définition du prophète qui ouvre le premier chapitre du *TTP*. «La prophétie ou révélation est la connaissance certaine de quelque chose, révélée par Dieu aux hommes. Quant au prophète, c'est celui qui *interprète* les révélations de Dieu pour ceux qui sont

1. *TTP* VII, § 8.

incapables d'avoir une connaissance certaine des choses révélées par Dieu, et qui de ce fait ne peuvent que par la simple foi embrasser les choses révélées »[1]. Le prophète est donc interprète dans la mesure où son discours, communiqué à autrui, devient objet de foi pour les autres. L'interprétation de l'Écriture doit prendre acte de cette déperdition du vrai : tel est le « sens ».

De la définition de la prophétie, enchaîne Spinoza, on peut tirer que la connaissance naturelle, la philosophie, pourrait fort bien être appelée prophétie. En revanche, il est impossible d'appeler le philosophe prophète, parce que ceux qui écoutent un philosophe peuvent devenir philosophes à leur tour, alors que ceux qui écoutent un prophète doivent se placer à un niveau de certitude inférieur, celui de la simple foi. Ainsi le philosophe peut perdre son statut de philosophe si personne ne le comprend, ou si l'on se contente de le croire « sur parole », c'est-à-dire si l'on réduit ses propos à des « révélations ». Il risque alors de devenir une sorte de prophète. Si en revanche il croit – là encore, la conjecture est de mise – qu'un public de philosophes existe, rien ne lui interdit de proposer une explication rationaliste du texte sacré. Non en torturant celui-ci, mais en le replaçant dans la relation de l'interprète et de son public, en expliquant pourquoi et comment la certitude première a dû se dévoyer en loi ou en parabole, pour enfin restituer à la « révélation » sa part de vérité.

Le premier homme a transformé la vérité en loi morale; de sorte qu'il a fait le contraire de ce que Dieu recommandait : alors que Dieu prévenait Adam contre les idées de bien et de mal, et de vivre plutôt dans l'amour du bien que dans la crainte du mal, Adam prend cet enseignement pour un commandement, une interdiction assortie de menace. Résultat : il se met à craindre la mort et à pécher. Bref, Adam a fait un contresens sur l'enseignement divin. La parabole d'Adam ainsi expliquée condense l'histoire de l'interprétation : c'est quand nous ne comprenons pas les enseignements de la raison que nous les transformons en lois et en commandements. Le salut, dès lors, c'est de comprendre la parole divine non plus comme une loi mais comme une vérité éternelle de la nature. Telle est la thèse générale sur l'Écriture : en tant qu'elle contient la « parole de Dieu », elle exprime bien

1. *TTP* I, § 1.

la même chose que la raison, mais *interprétée* par les prophètes en fonction du vulgaire. Toutefois, si la vérité s'est dégradée en révélation, rien n'interdit de remonter à sa source en en reconstituant l'histoire, qui n'est autre que l'histoire de l'interprétation.

Le but de l'interprétation n'est donc pas de reconstituer avec une absolue certitude la pensée authentique de l'auteur mais de lui prêter la meilleure pensée possible en fonction de ce qu'il dit – en laissant carrière à la conjecture. Au rebours de la fiction de l'erreur, la fiction philosophique fait crédit à autrui d'une vérité qu'il n'a peut-être pas pensée entièrement. Elle court donc le risque de la Surestime, qui consiste à « avoir de quelqu'un, par amour, une meilleure opinion qu'il n'est juste »[1]. Car elle suit le « principe de charité » : traiter le discours d'autrui comme si c'était le sien[2]. Trop souvent l'interprétation se réduit aux procès d'intention, à accuser l'interlocuteur de « mauvaise foi », accusation qui n'est qu'une façon assez grossière de signifier à quelqu'un que non seulement on ne l'a pas compris mais qu'on n'a pas l'intention de faire le moindre effort pour cela, et qu'on pose en principe qu'il a autre chose en tête, quelque chose de forcément inavouable... Ce qui distingue l'interprétation du philosophe, c'est qu'elle est disposée à élever le discours, à le rendre plus rationnel qu'il n'est peut-être – à le sauver du non-sens. C'est ainsi que Spinoza préfère interpréter en bien Moïse ou Machiavel[3] ou qu'il postule, jusqu'à plus ample informé, que ses correspondants sont plus avisés que leurs propos, ce qui lui vaut quelques déboires; mais le sage ne doit-il pas, pour son propre salut, *croire* en l'intelligence des ignorants ?

Ariel SUHAMY

1. *Éthique* III, Définitions des affects, 21.

2. Aimer son prochain comme soi-même, c'est défendre le droit d'autrui comme si c'était le sien (*Traité politique* I, 5). Le livre d'I. Delpla, *Quine, Davidson, le principe de charité*, Paris, PUF, 2001, s'ouvre par une référence à l'histoire de la poule.

3. Cf. *Traité politique* V, § 7.

« INTERPRÉTER EST UN ART » LES GRANDES LIGNES DE L'HERMÉNEUTIQUE DE SCHLEIERMACHER

C'est d'abord en tant qu'exégète du Nouveau Testament, puis en tant que philologue et traducteur, auteur d'une transposition de Platon demeurée célèbre, et non pas comme théologien des premiers romantiques ou philosophe concurrent de Fichte et de Hegel que Friedrich Schleiermacher (1768-1834) a élaboré une « herméneutique », un art de comprendre et d'interpréter venant compléter la « critique ». Confrontés à des textes anciens, écrits dans une langue qui n'est pas ou plus la nôtre par des auteurs dont nous ne savons pas toujours grand-chose, que parfois même nous ignorons totalement, notre volonté de comprendre exige d'une part que le texte soit établi dans son authenticité, tâche traditionnelle de la *critique* philologique, et d'autre part que l'on saisisse son sens, fonction qui revient classiquement à l'*herméneutique*. Ces deux tâches sont à l'évidence complémentaires, tant il est vrai que s'il faut un texte pour trouver son sens, c'est aussi à partir de son sens qu'un texte peut être établi dans son identité ou corrigé. La détermination du sens des textes est l'objet propre de l'herméneutique. Le sens pouvant être défini comme cela même que nous comprenons, l'herméneutique peut donc être déclarée « art de comprendre » (HB 113)[1]. Pour préciser en quoi consiste cet art et

1. Les références à l'herméneutique sont données dans le corps du texte : F. Schleiermacher, *Herméneutique*, trad. fr. Ch. Berner, Paris, Le Cerf-PUL, 1989 (dorénavant cité HB). Cette traduction reprend l'ensemble des manuscrits de Schleiermacher relatifs à l'herméneutique. On dispose d'une édition établie par F. Lücke, parue en 1838, qui combine ces notes jamais publiées par Schleiermacher à celles prises par des

comment il se réfère à l'interprétation, nous préciserons la visée de l'interprétation, ses méthodes et sa portée sur un plan épistémologique et philosophique.

L'ART DE COMPRENDRE ET D'INTERPRÉTER

L'herméneutique est « art de comprendre » : cette définition est plus surprenante qu'il n'y paraît au premier abord, car traditionnellement l'herméneutique se définit plutôt comme « art d'interpréter » qui vise la compréhension. Et lorsqu'on comprend, précisément on n'interprète plus. Schleiermacher affirme donc par là quelque chose que nous établirons, à savoir que l'interprétation trouve dans l'analyse même de la compréhension les principes réglant sa méthode (HB 173), ce qui permettra de la rattacher à la philosophie. C'est en effet en partant de l'acte de comprendre comme tel que Schleiermacher pourra revendiquer une « forme générale » pour l'herméneutique, à la différence des « herméneutiques spéciales » qui collectent des « observations » adaptées à des difficultés spécifiques rencontrées par hasard au gré de nos incompétences (HB 113). En cela l'herméneutique de Schleiermacher n'est pas universelle, du moins pas au sens où pouvait l'être par exemple l'*Essai d'un art universel de l'interprétation* (1757) de Georg Friedrich Meier. Pour ce dernier, se référant à la caractéristique de Leibniz, le monde lui-même devait être lu comme un texte, un ensemble de signes dont Dieu serait l'auteur et qu'il fallait déchiffrer. Schleiermacher est fort éloigné d'un tel art universel de l'interprétation, d'une telle universalisation de l'interprétation que l'on retrou-

étudiants. L'intérêt de cette dernière édition est d'autant plus grand que figurent aux côtés des leçons sur l'herméneutique, celles sur la critique. Une édition moderne en est disponible dans F. Schleiermacher, *Hermeneutik und Kritik*, M. Frank (ed.), Frankfurt a.M., Suhrkamp, 1977 (dorénavant cité HF). La contribution de A. Neschke, « Matériaux pour une approche philologique de l'herméneutique de Schleiermacher », dans *La Naissance du paradigme herméneutique*, A. Laks, A. Neschke (éd.), 2e éd. revue et augmentée, Lille, Septentrion, 2008, p. 39-69, demeure une excellente introduction à l'herméneutique de Schleiermacher. Nous nous permettons aussi de renvoyer à notre ouvrage, *La Philosophie de Schleiermacher. Herméneutique, dialectique, éthique*, Paris, Le Cerf, 1995, et plus particulièrement au chapitre II.

vera chez Nietzsche : en effet, il réduit cet art à l'herméneutique des textes, des discours, qui se meut entièrement et exclusivement dans le champ du langage. C'est seulement dans ce domaine restreint qu'elle sera générale. Ce faisant, Schleiermacher n'est pas, contrairement à ce qu'il affirme (HB 114), le premier à projeter les linéaments d'un tel art : la plupart des logiques systématiques avaient pris la mesure, dès le XVIIe siècle, du fait que bien conduire son esprit ne consiste pas seulement à bien former ses pensées, mais encore à les expliquer correctement aux autres et à comprendre les discours d'autrui, cette dernière activité appelant naturellement une herméneutique comme « art d'interpréter ». C'est ainsi que bien avant Schleiermacher, l'herméneutique apparaît comme un complément de la logique et de la rhétorique.

Définir l'herméneutique comme « art de comprendre » et assimiler de ce fait la « compréhension » et l'« interprétation » porte à conséquence en raison des présupposés impliqués, au premier rang desquels il faut compter l'affirmation de l'impossibilité d'une compréhension sans interprétation, c'est-à-dire d'une compréhension immédiate. Or écarter cette possibilité semble contredire aussi bien l'expérience quotidienne que la logique : d'une part il semble que de fait nous ne recourons pas toujours à l'herméneutique pour comprendre, d'autre part, c'est l'argument logique, que le processus de compréhension serait condamné à une régression à l'infini s'il n'y avait pas des éléments premiers que nous comprenons immédiatement. Schleiermacher reconnaît facilement une compréhension immédiate sans théorie : il y a une compréhension ordinaire qui se satisfait de ce qu'elle comprend, que la compréhension soit suffisante d'un point de vue pratique ou esthétique. Elle permet d'agir, d'éprouver du plaisir… Une telle compréhension dans la vie ordinaire n'est pas consciente des règles qu'elle applique et ne reconstruit pas les pensées dans leur nécessité. Mais d'après Schleiermacher ce que la compréhension ordinaire saisit « tout d'un coup » n'est guère signifiant, c'est-à-dire n'appelle pas à être approfondi (HB 125) et n'exige pas à proprement parler une herméneutique. Ce qui a ainsi une « valeur nulle » pour l'herméneutique est principalement ce qui est simple répétition, conservation de la langue dans des automatismes où il n'y a pas réellement d'acte de discours. On répète quelque chose qui est déjà donné sans aucunement le transformer, comme dans les « propos sur la pluie et le beau temps ». Bien entendu, cette valeur nulle n'est qu'un « minimum », car c'est à partir de là, à partir de cette langue conservée dans la répétition, que pourront se développer des significations véritables (HB 118).

Cette compréhension ordinaire, qui nous suffit bien souvent, n'est pas celle que vise l'herméneutique. C'est pourquoi Schleiermacher parle en herméneutique d'une « compréhension authentique », celle qui n'est pas, comme la compréhension immédiate, aveugle, c'est-à-dire qui ne comprend pas vraiment. Ce que cherche à comprendre l'herméneutique, c'est la signification inscrite dans le discours d'autrui, dans le discours qui m'est « étranger » dans la mesure où je n'en suis pas la source. La difficulté d'une telle compréhension tient en général à la nature de la langue dans son intime union avec la pensée et dans sa non-coïncidence avec le réel. Car si Schleiermacher retient de Kant que la pensée n'accède pas à l'être des choses telles qu'elles sont en elles-mêmes – pas même le sujet à lui-même, l'individu étant phénomène – il tient aussi, entre autres de la *Métacritique* de Herder, que raison et langage sont intimement unis, que l'« âme humaine pense avec des mots ». Du coup la communication des pensées, qui est visée par tout discours (HB 114), est mise à l'épreuve de l'identité de l'interprétation, c'est-à-dire à la question de savoir si nous pensons la même chose en utilisant les mêmes mots :

> Que la langue soit pour nous une garantie suffisante pour l'identité du processus [de schématisation linguistique, c'est-à-dire du rapport établi entre le concept et l'intuition], c'est-à-dire de ma certitude que celui qui prononce le même mot que moi forme aussi la même image interne et par là les mêmes affections organiques, n'apparaît évidemment que *comme une hypothèse qui doit se confirmer constamment et qui, en se confirmant, est déclarée vraie*. [...] Toute communication sur des objets extérieurs est la poursuite constante de l'épreuve pour savoir si tous les hommes construisent leurs représentations de manière identique [1].

1. F. Schleiermacher, *Dialektik*, t. II, M. Frank (ed.), Frankfurt a.M., Suhrkamp, 2001, p. 373. Nous soulignons.

Cette thèse de Schleiermacher, qu'avaient entrevue par moments certains auteurs comme Locke ou Kant[1], est d'une portée philosophique décisive quant au statut du langage comme lieu de la vérité ou du sens. Schleiermacher relève en effet que « décrire quelque chose avec des mots et ce qui est vu des yeux sont des grandeurs irrationnelles l'une par rapport à l'autre » (HF 246). Autrement dit : la représentation par le discours et le réel perçu sont incommensurables. Voilà qui rend problématique le concept de vérité dans son acception ordinaire, comme adéquation entre le discours et l'être, et justifie le fait qu'il y ait une multiplicité de récits rendant compte des choses. Or la tâche de l'herméneutique est de comprendre le discours indépendamment de l'être auquel il fait référence, c'est-à-dire d'établir son sens et non sa vérité. C'est pourquoi l'interprétation et l'herméneutique qui la règle scientifiquement sont condition première de toute science, qui ne vient qu'en second lieu et est liée à l'établissement des faits. Le lieu de la compréhension est celui du discours : lorsqu'on comprend, on ne compare pas tant les représentations aux choses que les discours aux discours pour voir si les autres les construisent de manière identique. Les problèmes à ce plan de la compréhension du sens ne sont pas moindres qu'à celui de la vérité, puisque pour Schleiermacher, ce que l'autre se représente à travers les significations, les mots, reste au fond, comme sensation individuelle, « toujours obscur »[2] et ne peut « jamais être établi »[3]. L'identité de la signification dans la communication reste « hypothèse » et la signification n'est pas quelque chose d'universel

1. « [...] personne n'a le pouvoir de faire que les autres qui utilisent les mêmes mots aient dans l'esprit les mêmes idées que lui », écrivait Locke, *Essai philosophique concernant l'entendement humain*, trad. fr. J.-M. Vienne, Paris, Vrin, 2006, livre III, chap. II, § 8, p. 43; et Kant, *Anthropologie d'un point de vue pragmatique*, Ak. VII, p. 193 (trad. fr. M. Foucault, Paris, Vrin, 2008, p. 144) : « Mais même ceux qui peuvent parler et entendre ne se comprennent pas pour autant toujours eux-mêmes ni ne comprennent toujours les autres, et c'est à la déficience de la faculté de désignation ou à sa mauvaise utilisation (lorsque des signes sont pris pour des choses et inversement) que tient [...] le fait que des hommes qui s'accordent au plan du langage soient à mille lieues les uns des autres au plan des concepts; ce qui ne devient manifeste que de façon fortuite, lorsque chacun agit suivant son propre concept ».

2. Schleiermacher, *Dialektik*, *op. cit.*, t. II, p. 373.

3. *Ibid.*

qui serait partagé par tous les individus. Car cette identité n'est pas donnée; nous n'avons concrètement que des usages individuels. Même les dictionnaires ne peuvent faire autre chose que collectionner et confronter des occurrences, alors que l'unité de la signification, l'« unité essentielle » (HB 39) ou l'« idée du mot », n'apparaît nulle part (HB 79). En étant constamment mise à l'épreuve, la signification jamais ne se fige en certitude ultime et la recherche de la vérité s'effectue dans le dialogue dont la possibilité est, pour Schleiermacher, en dernier ressort garantie par le postulat de « l'unité de la raison » [1]. Rapporté au plan de la compréhension, cela signifie que le sens n'existe pas en soi, qu'il n'est lui aussi que phénomène et que rien ne me permet au fond d'affirmer que je comprends les mots d'autrui exactement comme il les entendait. L'identité de la signification échangée dans la communication étant problématique, l'herméneutique devient nécessaire comme travail pour l'établir tant que faire se peut, même si ce que l'autre entend ou comprend reste finalement inaccessible parce que individuel, ce qui rend « infinie » la tâche de comprendre et d'interpréter : c'est en raison de cette individualité, à savoir que chaque âme « est dans son être singulier le non-être des autres », que « la non-compréhension jamais ne se résoudra intégralement » (HB 173). C'est là un trait fondamental de toute communication et de la reconnaissance de l'autre comme autre, qui fait que le discours d'autrui est toujours en quelque sorte étranger : dans tout discours, dans toute pensée, il y a un élément individuel où « chacun est autre que l'autre » [2].

Et pourtant, en dépit des possibilités de méprise les hommes parlent, écrivent, communiquent… Et confrontée à ce fait indéniable, l'interprétation n'aurait pas de sens si l'on ne supposait, malgré les difficultés évoquées, la volonté de communication. C'est pourquoi un principe fondamental de l'herméneutique affirme qu'il faut toujours supposer que l'auteur veut être compris : « Rien ne peut avoir voulu être dit de façon à ce que les auditeurs n'auraient en rien pu le comprendre » (HB 31), même si l'auteur fait rarement assez attention

1. F. Schleiermacher, *Dialectique*, trad. fr. Ch. Berner et D. Thouard, Paris, Le Cerf, 1997, p. 252 : « L'irrationalité des individus ne peut être compensée que par l'unité de la langue, et l'irrationalité de la langue que par l'unité de la raison ».

2. *Ibid.*, p. 85.

à son public (HB 107). C'est là une version du principe de charité, redécouvert par la philosophie analytique du langage dans le cadre d'une analyse des conditions de la traduction et de l'interprétation, qui postule le caractère sensé de l'écrit comme communication, principe fondamental sans lequel aucune interprétation ne serait possible. Ce qui présuppose que l'auteur du discours indique ce qu'il veut dire, qu'il donne les indices de son interprétation à même son discours : « La main et son index doivent se trouver quelque part » (HB 97) écrit Schleiermacher. Autrement dit : pas de discours sans volonté de communication et donc d'être compris, le discours ayant été construit afin de pouvoir être reconstruit par autrui.

LA MÉCOMPRÉHENSION DU DISCOURS

Revenons à la signification. La visée de l'interprétation est de saisir la signification ou le sens du *discours significatif*. Selon Schleiermacher, tout n'est pas indifféremment objet de l'herméneutique, et il précise : « l'art de comprendre ne commence qu'en présence d'une pensée élaborée » (HB 115) [1]. La pensée élaborée est la pensée authentique, cette pensée autonome qui est la parole d'une raison éclairée comme affirmation de l'individu qui pense lui-même, c'est-à-dire qui exerce la force de son jugement et en cela *crée* du sens. La pensée n'étant effective que dans le langage, il faut interpréter le discours à même le langage, c'est-à-dire des propositions, des jugements qui disent quelque chose de quelque chose, qui signifient. Il y a donc herméneutique « quand, au lieu de me contenter d'un degré ordinaire de compréhension, je cherche à découvrir la manière dont a bien pu chez mon interlocuteur s'accomplir le passage d'une idée à une autre, ou à dégager les idées, jugements ou intentions qui font que, sur le sujet de la discussion, il s'exprime comme il le fait et non pas

1. De la même façon Schleiermacher distinguera la traduction authentique (*übersetzen*), qui exige interprétation, et l'interprétariat (*dolmetschen*), où il y a simple échange de valeurs linguistiques équivalentes, comme cela se fait dans le discours des affaires (F. Schleiermacher, *Des différentes méthodes du traduire et autre texte*, trad. fr. A. Berman et Ch. Berner, Paris, Seuil, 1999, p. 31 *sq.*).

autrement» (HB 162). Ce qui se produit «chaque fois qu'il s'agit de percevoir, par l'intermédiaire des mots, des idées ou séries d'idées», principalement – mais pas exclusivement – dans les «conversations significatives» (*ibid.*). L'herméneutique recherche donc le sens qu'un sujet rattache à son discours: elle veut retrouver ce qu'un *individu* veut dire dans la langue, c'est-à-dire comment il participe à la langue, en remontant à son projet initial de sens, ce que Schleiermacher appelle sa «décision séminale» (*Keimentschluss*). C'est là ce qui arrive lorsque nous nous laissons affecter par les signes provenant d'autrui et identifions ce que dit l'autre, l'autre source de sens, pour y voir un véritable *acte de langage* – et donc de pensée – avant d'y projeter nos normes de pensée (HF 213). Bref, l'art de comprendre est nécessaire dès qu'on fait l'hypothèse que le discours autre dit quelque chose parce qu'il veut dire quelque chose d'inédit (HF 115). En effet, «l'esprit productif apporte toujours une chose à laquelle on ne pouvait s'attendre» (HB 29). Le sens dépasse ainsi ce qui est transmis par la seule langue héritée. L'interprète avisé perçoit l'effort de la *manifestation* du nouveau: «On voit partout la lutte contre la langue pour mener, en dépit de l'identité des expressions, à la différence du désigné» (HB 47). D'où le double rapport de l'auteur authentique à la langue: soumis à la langue de tradition et par elle contraint, l'homme pensant librement en même temps contribue à former la langue[1], donnant dans toute interprétation les deux pôles que sont l'esprit qui se manifeste et la langue dans laquelle il s'inscrit.

On recourt à l'art d'interpréter, à «l'art de comprendre correctement le discours d'autrui» (HF 75), lorsque l'on «veut comprendre avec précision» (HB 121), ce qui n'est, avons-nous vu, pas toujours le cas. Or pour comprendre avec précision, il faut mettre au point une méthode qui «suit continûment le discours et l'écrit» (HB 113), c'est-à-dire qui prend le discours dans sa totalité et ne laisse indéterminé aucun moment de l'interprétation. C'est là que Schleiermacher distingue sa propre méthode herméneutique des herméneutiques spéciales qui, présupposant que la compréhension est première, n'élaborent des règles qu'aux prises avec les difficultés, ce qui les

1. Schleiermacher, *Des différentes méthodes…*, *op. cit.*, p. 41.

condamne le plus souvent à n'être qu'« agrégat d'observations » (HB 122) empiriques qui inventent des moyens *ad hoc* pour résoudre des erreurs déjà commises. Cette dernière pratique est dite « laxiste » et Schleiermacher lui oppose une méthode rigoureuse et de ce fait scientifique : « Les règles doivent plutôt être une méthode permettant de reconnaître les difficultés que des observations permettant de les résoudre » (HB 191). Afin de prévenir les erreurs « l'opération de l'herméneutique ne doit pas seulement commencer là où la compréhension devient incertaine », mais dès qu'on veut « comprendre un discours » (HB 74).

Car la prise de conscience de l'incompréhension ne coïncide pas nécessairement avec l'apparition de l'erreur, qui peut être bien antérieure, et « le plus facile » peut « détenir la clé de difficultés ultérieures » (HB 121). Si je n'ai donc pas intégralement reconstruit le discours et la marche des pensées en leur nécessité (HB 11), je ne saurai pas où est la cause de l'erreur. C'est pourquoi la compréhension authentique est progressive et l'interprétation méthodique doit accompagner en son intégralité son processus, pas à pas. Par rapport à la tradition, cette remarque méthodologique confère un nouveau statut à la non-compréhension : elle devient première et fondamentale. Certes, depuis toujours l'herméneutique a son origine dans le fait qu'on ne comprend pas. C'est pour cela qu'on interprète, pour comprendre, c'est-à-dire saisir le sens. Mais Schleiermacher va plus loin en *posant* une non-compréhension initiale : « L'herméneutique repose sur le fait (*Factum*) de la non-compréhension du discours » (HB 73). Ce qui signifie que la non-compréhension n'est plus *datum*, une donnée d'expérience qu'elle est *aussi* en vertu de notre finitude, mais une *exigence méthodologique*. Lorsqu'on ne comprend pas, on prend conscience de notre intime *volonté de comprendre*, condition de possibilité de la non-compréhension. Mais une telle volonté reste indéterminée : elle se donne en revanche les moyens de comprendre lorsqu'elle fait d'emblée *comme si* nous ne comprenions pas. En d'autres termes, il n'y a pas de compréhension immédiate en herméneutique et c'est précisément pourquoi « compréhension » et « interprétation » coïncident.

L'art de l'interprétation est alors celui « d'entrer en possession de toutes les conditions nécessaires à la compréhension » (HB 73).

Ces conditions ne sont pas transcendantales, mais simplement des connaissances préalables : il faut réunir toutes les données qui permettent une juste interprétation, à savoir la connaissance de la langue et de l'homme, du contexte, de l'histoire, de la culture… Toutes ces conditions ne pourront être réunies qu'une fois compris l'acte de comprendre lui-même pour savoir ce qu'il faut précisément connaître. Il suffit pour cela de partir de la nature du discours, car « tout acte de comprendre est l'inversion d'un acte de discours » (HB 114) et dégager ce qui « est au fondement du discours » (HB 115). Suivant sa nature, le discours est intégralement langage. C'est en ce sens que Schleiermacher écrit que l'art de comprendre et d'interpréter « n'existe que si les prescriptions forment un système reposant sur des principes clairs, tirés directement de la nature de la pensée et du langage »[1], et que la pensée trouvant dans le langage le lieu de sa manifestation, « le langage est la seule chose qu'il faille présupposer dans l'herméneutique, et tout ce qu'il y a à trouver, ce dont font aussi partie les autres présuppositions objectives et subjectives, doit être trouvé à partir de la langue » (HB 21). Comprendre est donc reconstruire un sens qui ne préexiste pas à l'interprétation, mais qui doit être constitué dans la matérialité de la langue. C'est pourquoi c'est à partir du texte même et non pas à partir de ce que nous lui apportons qu'il faut comprendre (HF 213).

Voilà l'herméneutique fondée comme méthode[2] qui fournit des règles pour la direction de l'interprétation qui doivent conduire l'esprit à comprendre : elle est un outil, l'instrument de la compréhension, et c'est pourquoi Schleiermacher la range le plus souvent parmi les disciplines techniques. Si l'herméneutique est une méthode, on peut dire qu'« interpréter est un art » (HB 116). « Art » est en effet d'abord à prendre ici comme un « savoir-faire », donc comme une « technique ». Mais il est encore davantage : comme il n'y a pas de règles pour l'application des règles, laquelle n'est donc pas « infaillible » (HB 116), l'interprétation ne saurait jamais être « mécanisée »

1. F. Schleiermacher, *Le Statut de la théologie. Bref exposé*, trad. fr. B. Kaempf, Paris, Le Cerf, 1994, p. 59 (en particulier les § 132 et 133).

2. Schleiermacher dit « *Kunstlehre* ». Littéralement « théorie » ou « doctrine de l'art », le terme est parfois rendu par « technologie », l'art étant ici effectivement *techné*. Nous préférons rendre simplement par « méthode ».

(HF 81). En cela l'herméneutique relève de la faculté de juger, de ce talent dont Kant disait qu'il ne peut pas s'apprendre mais seulement s'exercer. Interpréter exige donc des « talents » : un talent linguistique qui fait que, connaissant la langue, on sent les analogies, les différences, et un talent pour connaître l'individualité, talent psychologique de « la connaissance des hommes ». Ces talents sont « dons de la nature » (HB 117) et ne sauraient être appris.

Nous avons vu que l'art de l'interprétation doit partir de la nature linguistique de son objet, du discours. Or le discours ne se comprend pas à partir de la langue seule, mais à partir du rapport entre l'auteur du discours et la langue. Et la langue a un rapport double à l'individu : d'une part l'individu est soumis à sa puissance, d'autre part, lorsqu'il ne se contente pas de la répéter, ce qui n'est pas un objet de l'herméneutique, il contribue à la former : « il est son organe et elle est le sien » (HB 75). Voilà qui définit les moments de l'interprétation : « comprendre le discours comme un [élément] extrait de la langue et le comprendre comme une réalité produite dans le sujet pensant » (HB 115), comprendre la langue et l'esprit individuel qui l'anime. Ces deux perspectives sont respectivement celle de l'*interprétation grammaticale* et de l'*interprétation technique*. L'interprétation grammaticale s'attache à la réalité du discours en visant à saisir tant les mots que les liaisons qui le composent. L'interprétation technique en revanche recherche la force de la pensée, l'élan en dernier ressort enraciné dans l'individu qui imprime un sens propre à son discours. Parfois qualifiée de « psychologique », cette interprétation est le plus souvent dite « technique » puisqu'elle comprend comment un individu a utilisé la langue, l'a travaillée et transformée pour y manifester son esprit. Les deux aspects de l'interprétation sont donc un reflet de la constitution de tout discours comme lieu de rencontre d'un système, même s'il est déjà particularisé dans une langue, et d'un individu créateur. C'est pourquoi les deux types d'interprétation sont complémentaires pour donner la compréhension, comme le sont au plan éthique la *formation de la communauté*, plus affirmée dans l'interprétation grammaticale, et la *constitution de soi*, davantage présente dans l'interprétation technique.

INTERPRÉTATION GRAMMATICALE ET INTERPRÉTATION TECHNIQUE

Commençons, comme Schleiermacher, par retracer les linéaments de l'interprétation grammaticale. Elle est « l'art de trouver le sens déterminé d'un discours défini à partir de la langue et à l'aide de la langue » (HB 34). S'appuyant sur un objet défini, cette interprétation est dite « objective ». Elle est dite aussi « négative » parce qu'elle délimite le domaine dans lequel une proposition peut recevoir un sens et exclut ce qui ne se conforme pas aux règles grammaticales, qui « ne peut absolument pas être compris » (HB 51). Condition de possibilité nécessaire mais pas suffisante, elle permet d'établir le champ de la communication, celui où auteur et lecteur ou auditeur peuvent s'entendre. Les nombreuses règles et instructions pratiques que donne Schleiermacher pour cet aspect de l'interprétation visent à établir en leur univocité les significations et le sens des mots dans le cadre des propositions ou des discours comme combinaison de propositions. On comprendra par exemple le premier canon de l'interprétation grammaticale : « Tout ce qui, dans un discours donné, demande à être déterminé de façon plus précise ne peut l'être qu'à partir de l'aire linguistique commune à l'auteur et à son public originel » (HB 127). Il faut reconstruire la langue à un moment donné, en tenant compte de son évolution historique, pour éviter de se méprendre quant à la signification d'un terme, mal apprécier l'« accent et du ton » qui nous fait comprendre trop ou pas assez (HB 46 *sq.*) etc. Bref : l'interprétation grammaticale recherche la signification convenue des mots et des propositions et brosse le champ de la communicabilité. Elle vise l'« *unité complète* » des mots (HB 130) qui, comme nous l'avons vu, n'apparaît jamais comme telle, et devrait trouver son accomplissement dans la « connaissance parfaite de la langue » (HB 116), des structures générales au sein desquelles seulement peut s'affirmer le sens singulier. La grammaire est donc la structure propre à une langue dans un contexte historique donné dans laquelle les individus pourront trouver les moyens de communiquer et donc de s'accorder.

Suivant cette perspective, l'individu est d'abord soumis à la puissance de la langue qui constitue un monde dans lequel il est jeté et se trouve « esclave du temps » [1] et de l'aire linguistique dans laquelle sa pensée se développe [2]. Or la double nature du langage impose à chacun de former sa langue de manière propre, « de sorte que la déduction et l'enchaînement, la cohérence et la conséquence correspondent parfaitement à la manière de construire de son esprit et que l'harmonie du discours rende le *ton fondamental* (*Grundton*) de la manière de penser, l'accent du cœur » [3]. Le discours n'est donc vraiment discours que si l'individuel s'y exprime, c'est-à-dire y fait entendre ses accords. Il n'est authentique que s'il a véritablement un auteur qui travaille sur la matière de la langue, si l'on y entend ce « timbre » qu'a, comme dit Nietzsche, chaque esprit [4]. À la nécessité de comprendre à partir de la langue comme ensemble donné vient donc se joindre celle de comprendre à partir de l'individu qui se l'approprie, la façon dont l'homme transforme une langue dont il hérite en l'utilisant, le discours devenant l'instrument d'affirmation et de constitution de son individualité. Telle est la tâche de l'interprétation « technique » qui semble s'opposer à la partie grammaticale : si cette dernière, nous l'avons vu, était « objective » et « négative », l'interprétation technique est « subjective » dans la mesure où elle cherche à accéder à quelque chose qui ne se présente pas comme un objet, à savoir l'intériorité individuelle qui laisse sa trace sans apparaître comme telle, et « positive » dans la mesure où elle « pose » quelque chose, c'est-à-dire crée ou est productive dans son effort de reconstruction (HB 12). La découverte de l'individualité dans la particularité de l'exposition est celle du *style* (HB 149), qui se dégage en remontant à l'acte initial qui a poussé l'auteur à penser ce qu'il pense comme il le dit, c'est-à-dire en trouvant le « principe qui meut celui qui écrit » (HB 148). Le style qui, comme singularité de la

1. F. Schleiermacher, *Monologen, Neujahrspredigt von 1792, Über den Wert des Lebens*, F.M. Schiele (ed.), Hamburg, Meiner, 1978, p. 63.

2. Schleiermacher, *Dialectique*, *op. cit.*, p. 274 *sq.*

3. *Ibid.*, p. 65. Nous soulignons.

4. F. Nietzsche, *Généalogie de la morale*, III, 8 : « Qu'on écoute donc quel est le timbre (*Klang*) d'un esprit quand il parle : chaque esprit a son timbre, aime son timbre ».

composition et de l'usage linguistique, lié à la particularité de l'auteur, demeure cependant relativement stable et permet la reconnaissance d'une identité dans différents écrits (HB 99). En ce domaine aussi Schleiermacher formule des règles et donne des instructions, l'essentiel consistant non seulement à voir comment l'individu imprime son sens dans la langue, comment il innove en comparant à la langue de tradition, mais encore à saisir, à partir de l'individualité du sujet, comment s'opèrent enchaînement et combinaison des pensées, quelle dynamique subjective préside à leur succession. L'interprétation cherchera donc à reproduire l'enchaînement, la combinaison des pensées, afin de reconstruire à l'identique la construction d'un autre, puisque c'est là le critère de la compréhension. Il faudra pour cela comprendre la psychologie de l'auteur, son esprit, ce qui exige la connaissance de sa personnalité, du milieu qui le détermine etc. Il n'est évidemment pas aisé d'atteindre l'individualité qui préside à la pensée dans la mesure où l'individuel inexprimable, l'*individuum ineffabile*, est classiquement défini par Schleiermacher comme inaccessible. C'est même sans doute là le plus difficile : comme le disait Friedrich Schlegel, « rien n'est plus difficile que de reconstruire, de percevoir et de caractériser la pensée d'autrui jusque dans les singularités les plus fines de sa totalité » [1].

On peut donc résumer : tout comme l'interprétation grammaticale vise la connaissance parfaite de la langue, le but de l'interprétation technique « doit être défini comme la compréhension parfaite du style » (HB 149). Ici comme là il s'agit dans l'authentique compréhension de reconstruire le discours en sa nécessité. Ce caractère (re)constructif permet de dépasser la réduction psychologisante de l'herméneutique de Schleiermacher, usuelle dans les présentations traditionnelles de l'histoire de l'herméneutique, et par là-même de la mettre en un rapport plus direct avec la dialectique comme art de penser. Car la compréhension rendue possible par la reconstruction est la condition de possibilité d'une inscription du discours dans une pratique du dialogue qui vise le savoir, c'est-à-dire dans le passage du sens à la vérité. Les deux types d'interprétation sont complémentaires et il ne

1. F. Schlegel, *L'Essence de la critique. Écrits sur Lessing*, trad. fr. P. Rabault (dir.), Lille, Septentrion, 2005, p. 101.

faut pas privilégier l'un par rapport à l'autre, bien que suivant les écrits et les qualités et dispositions individuelles des interprètes, ils peuvent être utilisés dans des mesures différentes. Mais conformément à la nature du discours, pour *comprendre vraiment* – ce que signifie comprendre – les deux versants interagissent (HB 116). Il n'y a pas de privilège de la compréhension par empathie : comme le dit Schleiermacher, l'interprète « qui voudrait bâcler l'aspect linguistique » non seulement se « tromperait beaucoup », mais encore serait « un nébuliste » (HB 180 *sq.*) qui perdrait dans les brouillards de l'intuition la clarté requise par la compréhension. Pour interpréter correctement, il faut tenir compte tant de l'individuel que de l'universel et l'herméneutique est, comme pratique, comprise à la fois dans un processus d'individuation et dans la formation de la communauté puisque l'individu s'y affirme tout comme il s'y communique. Nous le verrons, elle est ainsi un important levier de la culture.

COMPARER ET DEVINER

Qu'on la prenne en son versant grammatical ou en son versant technique, l'interprétation connaît deux méthodes : la méthode *comparative* et la méthode *divinatoire*, celle de « l'intuition immédiate et celle de la comparaison avec autre chose » (HB 56). La première, « divinatoire », cherche à *deviner*; elle est plus intuitive et s'attache à ce qui semble échapper à toute approche discursive. La seconde, « comparative », tente de rapporter le particulier au général, le détail au tout pour le déterminer. Les deux méthodes sont à l'œuvre dans chacun des aspects de l'interprétation, même s'il semble que l'interprétation grammaticale s'établisse plutôt de manière comparative, alors que l'interprétation technique ferait davantage appel à la méthode divinatoire qui consiste à se mettre, tant que faire se peut, à la place de l'auteur. Mais elles sont complémentaires en ce que chacune est condition de possibilité de l'autre : « L'intuition immédiate ne peut pas être communiquée : la comparaison n'en vient jamais à l'individualité authentique » (*ibid.*). Toute comparaison doit obligatoirement disposer d'éléments premiers qui servent de termes de comparaison; or ces éléments stables doivent avoir été initialement fixés de façon immédiate sans quoi une régression à l'infini nous interdirait de concevoir toute comparaison (HB 150; *cf.* HB 168). Inversement, la méthode comparative doit venir *confirmer* ce qui a été obtenu par divination, qui dans son immédiateté risque de n'être que trouvaille incertaine. Car si la divination comme méthode est immédiate et fournit ce qui échappe à la comparaison, elle ne prétend pas pour autant livrer immédiatement la vérité : elle n'est qu'un moment dans un processus de recherche et « n'est assurée que par la comparaison qui la confirme » (HB 150). Son immédiateté ne la soustrait donc pas au processus reconstructif. Une fois de plus, rien dans cette méthode qui se réduise à de la simple empathie : « on ne peut faire preuve d'assez de prudence en examinant sous tous les aspects ce qui se présente ainsi de façon hypothétique, et même alors de ne l'établir provisoirement que si cela n'entraîne aucune contradiction » (HB 183). Dans son caractère hypothétique, la divination comme la conception individuelle à laquelle elle est censée mener est « encore toujours susceptible d'être rectifiée » (HB 149).

Le « cercle » herméneutique

Cette réciprocité est à l'image du *cercle herméneutique*. Ce dernier ne dit pas simplement l'interdépendance des méthodes qui renvoient à l'action réciproque entre l'universel et le singulier, mais d'une manière générale que l'on comprend le tout à partir de la partie et inversement. Ce qui ne fait « cercle » qu'à mal le prendre, la structure étant davantage celle de la méthode hypothético-déductive appliquée à l'interprétation des textes et à la saisie du sens. Voilà qui réduit sérieusement la prétendue différence méthodologique entre sciences de la nature et sciences de l'esprit. Car lorsqu'on interprète, on fait une *hypothèse* sur la compréhension du tout, sur celle de la partie, l'ensemble étant mis à l'épreuve dans un mouvement de détermination réciproque, de confrontation au texte. La compréhension est toujours susceptible d'être rectifiée et son processus celui de la « construction d'un fini déterminé à partir d'un infini indéterminé » (HB 116). La plupart des règles d'interprétation sont fondées chez Schleiermacher sur ce double mouvement, se fondant sur le principe que toute compréhension consiste à sertir une partie dans un tout, ce qui exige la connaissance de la partie, du tout et de la connexion entre eux. C'est d'ailleurs cette dernière que nous comprenons vraiment, comme le dit Dilthey : « Nous ne comprenons que la connexion (*Zusammenhang*). Connexion et compréhension correspondent l'une à l'autre »[1]. En cela « la compréhension du tout est conditionnée par celle du détail » tout comme inversement « la compréhension du détail est conditionnée par celle du tout » (HB 77). La tâche première de l'interprétation est alors d'élaborer une hypothèse quant au sens total, à l'aide par exemple d'une lecture cursive, quitte ensuite à « revenir en arrière », c'est-à-dire à réviser la précompréhension provisoire. Réduit à ce mouvement, le « cercle herméneutique » régit tous les niveaux de l'interprétation : dans la perspective de l'interprétation grammaticale, on comprend le mot à partir de la proposition, la proposition à partir du discours, le discours à partir de l'ouvrage, l'œuvre à partir du « domaine de la littérature dont elle fait partie » (« aucun discours ne peut être compris à partir de lui seul » (HB 76)) et inversement ; dans la perspective de l'interprétation technique, l'œuvre comme acte d'un auteur se comprend à partir de la totalité de sa vie, cette dernière à partir du contexte total de l'époque et inversement. Lorsque tous ces niveaux de compréhension coïncident, l'interprétation du discours est « correcte » (HB 188).

Schleiermacher résume cela de la manière suivante : « L'art ne peut développer ses règles qu'à partir d'une formule positive qui est : "Reconstruire le discours donné de façon à la fois historique et divinatoire, objective et subjective" » (HB 123). Cette formule est *positive* contre une version négative se réduisant à éviter les erreurs : il s'agit positivement de *produire* la compréhension. Effectivement, on ne comprend réellement que ce que l'on peut produire et donc, s'agissant de discours reçus, reproduire. On trouve là un écho de la poïétique romantique du sujet créateur, au sens où Novalis écrivait : « plus c'est poétique, plus c'est vrai »[2]. Cette formule, qui se comprend notamment à partir de Kant qui affirmait que la vérité ne pouvant être

1. W. Dilthey, *Der Aufbau der geschichtlichen Welt in den Geisteswissenschaften*, Frankfurt a.M., Suhrkamp, 1981, p. 318.

2. Novalis, *Semences*, trad. fr. O. Schefer, Paris, Allia, 2004, p. 244 (n°473).

constatée par une adéquation entre la connaissance et son objet, puisque nous restons toujours dans la représentation, elle doit être produite[1], est au fondement des sciences de l'esprit qui posent que « l'esprit ne comprend que ce qu'il a créé »[2]. À partir de là, le paradigme épistémologique de l'herméneutique pourra être exporté et étendu aux sciences de l'esprit, à commencer par les sciences historiques. Mais reprenons la formule de Schleiermacher en précisant les éléments qui la composent. La compréhension « objective » et « historique » est celle qui saisit le discours comme effet d'une grammaire, en découvrant les traces de sa constitution historique. Pour ce faire, elle compare le discours singulier à la structure générale de la langue. La compréhension « objective » et « divinatoire » saisit dans le discours les transformations ou altérations que la langue subit en raison des sujets qui y participent. La compréhension « subjective » et « historique » interprète le discours à partir de la vie de celui qui discourt. Quant à la compréhension « subjective » et « divinatoire », elle prend en compte les effets actuels et à venir que produit et produira la « décision séminale » de celui qui discourt. Tous ces niveaux de compréhension, de la structure la plus générale à la force la plus singulière, doivent coïncider dans l'interprétation parfaite qui doit permettre de mieux comprendre.

MIEUX COMPRENDRE UN AUTEUR QU'IL NE S'EST LUI-MÊME COMPRIS

Car la tâche parfaite consiste à « mieux comprendre un auteur qu'il ne s'est lui-même compris » (HB 34) : « Saisie à son apogée, la compréhension parfaite consiste à mieux comprendre celui qui

1. En ce sens les mathématiques sont, pour Kant, les plus vraies : produites dans l'intuition pure, concept et intuition y coïncident.

2. Vico affirmait dans *L'Antique Sagesse de l'Italie* l'identité du « *verum* » et du « *factum* », à savoir que l'homme ne peut comprendre que ce qu'il a fait. Ce principe est au fondement des sciences de l'esprit ou de la culture (voir W. Dilthey, auquel nous empruntons la formule citée, *L'Édification du monde historique dans les sciences de l'esprit*, trad. fr. S. Mesure, Paris, Le Cerf, 1988, p. 102, et E. Cassirer, *Logique des sciences de la culture*, trad. fr. J. Carro et J. Gaubert, Paris, Le Cerf, 1991, p. 84-85).

discourt qu'il ne s'est lui-même compris » (HB 108). En orientant l'effort de comprendre, cette proposition s'inscrit dans un processus méthodologique : elle « règle » l'art d'interpréter dont elle dessine la fin dernière. Mieux comprendre l'auteur signifie indistinctement mieux comprendre son discours, puisque l'auteur n'est auteur que dans son discours (dès qu'il le quitte « il se met au même rang que les autres et [...] un autre peut être meilleur lecteur que lui » (HB 108)), et consiste à rendre conscient non seulement un inconscient personnel, mais encore préciser les déterminations historiques et géographiques plus générales touchant la langue, la société, la culture ... Mieux comprendre appelle alors une approche réfléchie du sens qui est le privilège d'une connaissance historique supérieure, de la connaissance d'un individu et d'un contexte qui échappe à l'auteur parce qu'il y est entièrement immergé et dont l'interprète doit prendre l'exacte mesure. En cela, « mieux comprendre » est un *précepte philologique*, une visée sur laquelle se règle l'interprétation appelant à reconstruire. L'art d'interpréter ne « restaure » pas à l'identique la pensée de l'auteur mais, en saisissant sa nécessité, comprend mieux que l'auteur parce qu'il le dépasse réflexivement. Autrement dit : *c'est parce que de fait nous comprenons moins bien que nous devons comprendre mieux*. C'est en ce sens que Friedrich Schlegel écrivait : « Pour comprendre quelqu'un qui ne se comprend lui-même qu'à moitié, il faut d'abord le comprendre entièrement et mieux que lui-même, puis seulement à moitié et aussi bien que lui-même »[1]. Schleiermacher reconnaît que l'on n'est *de fait* jamais assuré d'y être parvenu, que le travail de l'interprétation est infini; mais le propre de la compréhension herméneutique est qu'elle *doit* se fixer pour objectif de comprendre mieux. Une herméneutique authentique ne saurait donc se contenter de la formule de Gadamer : « Il suffit de dire qu'on comprend *autrement, si tant est que l'on comprenne* »[2]. Une herméneutique de ce dernier type, qui se dit « philosophique », entièrement

1. F. Schlegel, fragment n°401 de l'*Athenaeum*, dans *Critique et herméneutique dans le premier romantisme allemand*, édition, intro., trad. fr. et notes D. Thouard, Lille, Septentrion, 1996, p. 151.

2. H.-G. Gadamer, *Vérité et méthode*, trad. fr. P. Fruchon, J. Grondin, G. Merlio, Paris, Seuil, 1996, p. 318 (traduction modifiée).

prise dans une ontologie de la compréhension et exclusivement rivée sur l'historicité du comprendre pour souligner la portée de la tradition, ignore délibérément la dimension méthodologique qui fait de l'interprétation un art. Il va de soi que « comprendre autrement » ne saurait être une visée du travail herméneutique, tant « comprendre autrement » est contraire au sens du verbe « comprendre ».

Mais par delà le sens technique de la reconstruction, la formule du « mieux comprendre » a un sens spécifique dans le contexte de la critique esthétique du premier romantisme : là, comprendre le discours mieux que ne le faisait son auteur signifie parfaire l'œuvre en la poursuivant dans l'interprétation et la critique conformément à la dimension poïétique rappelée plus haut et qui unit réception et création. Dans l'interprétation, productive et créatrice, en puissance infinie, l'œuvre s'enrichit et s'approche de son achèvement, l'interprétation contribuant à la détermination de son sens qui dépasse l'auteur. Le travail de la compréhension, qui inclut les interprétations, devient alors une nouvelle fois infini. En ce second sens, qui doit beaucoup à l'art critique selon Friedrich Schlegel, la maxime invitant à « mieux comprendre un discours que son auteur ne l'a lui-même compris » n'est plus une simple *règle herméneutique* : elle devient un *impératif éthique* invitant au développement de l'esprit, esquissant cette fois le passage d'une herméneutique technique à la philosophie.

L'art de comprendre et d'interpréter, qui établit un sens régulier, c'est-à-dire construit l'identité des représentations, joue par conséquent un rôle fondamental dans la culture. Nous avons vu que comme « art », c'est-à-dire comme pratique rigoureuse qui part du fait de la non-compréhension, il permet de dégager les dimensions cognitives de l'acte de comprendre suivant son modèle philologique. Or « une observation attentive montre que depuis la renaissance des sciences, l'occupation avec l'interprétation, plus elle s'est attachée à ses principes, plus elle a contribué au développement intellectuel en tout sens » (HF 234). Ce qui trouve chez Schleiermacher un exemple éclatant dans l'activité de traduire, cas particulier de l'interprétation qui montre ce qui vaut en général de l'herméneutique, à savoir qu'à l'évidence l'esprit « ne peut s'épanouir et développer pleinement sa propre force qu'à travers les contacts avec l'étranger »[1]. C'est dire que le travail de l'interprétation comme art contribue au « développement intellectuel » (HF 234) et permet de relier le spéculatif et l'empirique, c'est-à-dire relève de l'histoire du devenir de l'esprit dans la nature et favorise son déploiement qui définit, suivant Schleiermacher, l'*éthique*[2].

Mais pour cela, il faut s'attacher aux discours et l'herméneutique est tributaire de l'intérêt que l'on prend aux textes, intérêt qui seul meut la recherche d'une méthode rigoureuse de l'interprétation. Schleiermacher nomme trois intérêts qui ont conduit à l'art d'interpréter, à l'herméneutique comme méthode : l'intérêt *historique*, l'intérêt *esthétique* et l'intérêt *spéculatif*. L'intérêt est historique lorsque l'interprétation de textes nous permet d'accéder à des données, par exemple à des connaissances anciennes. Il est esthétique lorsque c'est le goût ou le plaisir qui nous invite à développer l'interprétation, comme c'est le cas par exemple en présence des œuvres de l'Antiquité. Enfin, et c'est sans doute le principal, l'intérêt peut être spéculatif ou scientifique : puisque penser et parler sont coextensifs, l'herméneutique, en permettant de comprendre les discours, nous met en présence de l'esprit. L'art d'interpréter permet de comprendre l'esprit qui se forme (HF 235), l'interprétation comme méthode permettant à l'esprit pensant de se découvrir et de se comprendre lui-même (HB 172). L'art de l'interprétation retrouve ainsi le déploiement de l'esprit objectif hégélien : « L'histoire de l'esprit est son *acte*, car l'esprit n'est que ce qu'il fait et son acte consiste à faire qu'il devienne lui-même [...] l'objet de sa conscience, donc à s'appréhender lui-même en s'interprétant pour lui-même »[3]. Car c'est effectivement à partir du fonctionnement de l'esprit même, nous l'avons vu, que se forme l'herméneutique comme art d'interpréter : « une méthode ne peut [...] voir le jour que lorsque aussi bien la langue dans son objectivité que le procès de la production des pensées sont si

1. Schleiermacher, *Des différentes méthodes ...*, *op. cit.*, p. 91.

2. Voir F. Schleiermacher, *Éthique. Le « brouillon sur l'éthique » de 1805-1806*, trad. fr. Ch. Berner, Paris, Le Cerf, 2003.

3. G.W.F. Hegel, *Principes de la philosophie du droit*, trad. fr. R. Derathé, Paris, Vrin, 1986, § 343, p. 334 (traduction modifiée).

parfaitement pénétrés comme fonction de la vie intellectuelle individuelle dans sa relation à l'essence de la pensée elle-même qu'on peut exposer avec une cohérence absolue, partant de la façon dont on procède pour combiner les pensées et les communiquer, la façon dont on doit procéder pour les comprendre » (HB 173). C'est ainsi qu'elle est finalement ancrée en philosophie.

Christian BERNER

« *NOTRE NOUVEL "INFINI"* »
CONNAISSANCE ET INTERPRÉTATIONS DANS LA PENSÉE DE NIETZSCHE

L'interprétation est assurément « une notion centrale de la réflexion de Nietzsche »[1], mais par là-même une notion difficile et paradoxale, s'il est vrai que ce « centre » implique d'emblée l'idée d'une multiplication des points de vue et des perspectives, et ainsi d'une perte de tout centre, pour la réflexion philosophique comme pour toute pensée en général. Si l'on a pu définir classiquement l'infini comme ce dont « le centre est partout, et la circonférence nulle part »[2], il semble bien que, dans la pensée de Nietzsche, le refus de s'en tenir à l'idée ancienne qu'il n'existe qu'une manière de penser authentiquement la réalité, qu'un seul et unique « angle du regard » qui soit légitime, et la reconnaissance de ceci que le monde « *renferme en lui des interprétations infinies* »[3], conduise au contraire à penser ce monde non seulement comme dénué de toute circonférence qui en limite l'appréhension, mais en outre et plus radicalement comme dénué de tout centre ou point de repère fixe qui permette de le connaître de façon absolue. Pour parler en termes leibniziens quoique contre Leibniz, il ne saurait ici y avoir aucun « géométral » de l'uni-

1. Nous renvoyons avant tout à la définition établie par P. Wotling, *Le vocabulaire de Nietzsche*, Paris, Ellipses, 2001, p. 35.

2. Issue de la théologie médiévale (*cf.* par exemple A. de Lille, *Règles de théologie*, règle 7, Paris, Le Cerf, 1985), cette formule se retrouve on le sait dans les *Pensées* (Br. 84) de Pascal.

3. *Le Gai Savoir*, trad. fr. P. Wotling, Paris, Flammarion, 1997 (dorénavant cité *GS*), § 374, « *Notre nouvel « infini»* ».

vers par-delà les perspectives singulières sur ce dernier, ni aucun être qui, surpassant tout point de vue ou contournant tout « angle du regard », soit susceptible d'apercevoir le monde « à la fois comme [tous] le voient mais encore tout autrement qu'eux tous »[1] :

> Le monde nous est bien plutôt devenu, une fois encore, « infini » [...]. Le grand frisson nous saisit une nouvelle fois – mais qui aurait donc envie de recommencer d'emblée à diviniser *ce* monstre de monde inconnu à la manière ancienne ? Et d'adorer désormais cette chose inconnue comme « l'*être* inconnu » ?[2]

Nietzsche, en pensant un « *nouvel "infini"* » *interprétatif*, nous contraint à renoncer à toute croyance à un « être », à une « réalité » et par là même à une « vérité » absolus, et ainsi à la *vénération* qui fut longtemps vouée à ceux-ci[3]. Nous souhaitons montrer ici que, si l'importance de l'idée d'interprétation est souvent un point considéré comme « bien connu » de la pensée de Nietzsche, il importe néanmoins d'en apercevoir d'abord les difficultés propres, si l'on veut en comprendre finalement le sens et les enjeux précis. Pour ce faire, nous prendrons ici pour point de départ l'un des textes le plus souvent cités sur cette question, qui expose de façon synthétique les grandes lignes de la conception nietzschéenne de l'interprétation :

> Contre le positivisme, qui en reste au phénomène, « il n'y a que des faits », j'objecterais : non, justement il n'y a pas de faits, seulement des

1. Leibniz, *Discours de Métaphysique* (suivi de la *Correspondance avec Arnauld*), Paris, Vrin, 1988, § 14, p. 50. La métaphore du « géométral » (c'est-à-dire d'une « vue » synoptique, capable d'embrasser toutes les perspectives singulières) apparaît dans la correspondance de Leibniz avec Arnauld (Lettre du 9 octobre 1687, *ibid.*, p. 181) et le Landgrave E. de Hesse-Rheinfels (Lettre du 12 avril 1686, *ibid.*, p. 88).

2. *GS*, § 374.

3. Sur la critique nietzschéenne de l'idée de « vérité » et de la « vénération » traditionnellement vouée à celle-ci, qui est l'un des enjeux implicites de cette étude, mais que nous n'aborderons cependant pas frontalement et pour lui-même, *cf.* surtout *Par-delà Bien et Mal* (désormais cité *PBM*), § 1, trad. fr. P. Wotling, Paris, GF-Flammarion, 2000, et les études suivantes, qui sont aussi des sources essentielles pour notre présent travail : É. Blondel, *Nietzsche, le corps et la culture. La philosophie comme généalogie philologique*, VIII, Paris, PUF, 1986 ; A. Nehamas, *Nietzsche, la vie comme littérature*, I, 2, Paris, PUF, 1994 ; R. Schacht, *Nietzsche*, II et III, London-New York, Routledge, 1994 ; et P. Wotling, *Nietzsche et le problème de la civilisation*, Paris, PUF, 1995.

interprétations [*nur Interpretationen*]. Nous ne pouvons constater aucun factum « en soi » : peut-être est-ce un non-sens de vouloir ce genre de chose. « Tout est subjectif », dites-vous : mais ceci est déjà une *interprétation* [*Auslegung*], le « sujet » n'est pas un donné, mais quelque chose d'inventé-en-plus, de placé-par-derrière. – Est-ce finalement nécessaire de poser en plus l'interprète derrière l'interprétation ? C'est déjà de l'invention, de l'hypothèse.
Dans la mesure exacte où le mot « connaissance » possède un sens, le monde est connaissable : mais il est *interprétable* [*deutbar*] autrement, il n'a pas un sens par-derrière soi, mais d'innombrables sens : « perspectivisme ».
Ce sont nos besoins qui *interprètent le monde* : nos instincts, leur pour et leur contre [1].

Il semble que l'on puisse résumer, dans un premier temps, l'essentiel des thèses de Nietzsche concernant l'interprétation en quatre points : 1) il est illégitime de parler d'« états de fait », ou, comme le dira la *Généalogie de la Morale*, d'aucun « *factum brutum* » [2], comme aussi, corrélativement, 2) d'une « connaissance » objective ou absolue : car toute pensée ne saurait être qu'interprétation, toujours relative à une perspective singulière ; 3) ces interprétations, nécessairement multiples, s'enracinent en certains « besoins » ou « instincts » : elles sont relatives à un certain type de vie et à ses exigences propres – non à des exigences seulement rationnelles ou théoriques –, elles sont en d'autres termes quelque chose qui provient du corps (celui-ci étant conçu par Nietzsche comme un complexe de pulsions hiérarchisées) et non pas d'un prétendu esprit pur [3] ; 4) enfin, l'idée suivant

1. *FP* XII, 7 [60]. Les fragments posthumes (et, en l'absence d'indication contraire, les œuvres de Nietzsche) sont cités d'après la traduction française des *Œuvres Philosophiques Complètes de Nietzsche*, G. Colli et M. Montinari (éd.), Paris, Gallimard, et désignés par l'abréviation *FP*, suivie du nom ou numéro du volume concerné, puis du numéro du fragment.

2. *Généalogie de la Morale* (désormais cité *GM*), III, § 24, trad. fr. P. Wotling, Paris, Librairie Générale Française, 2000, p. 255.

3. Sur la question du corps et de l'enracinement physiologique de la pensée, nous renvoyons aux études suivantes : É. Blondel, *Nietzsche, le corps et la culture*, *op. cit.*, chap. IX ; P. Wotling, *Nietzsche et le problème de la civilisation*, *op. cit.*, I, chap. 2 ; P. Wotling, *La pensée du sous-sol*, Paris, Allia, 1998 ; et P. Wotling, « "L'entente de

laquelle il y a «*seulement* des interprétations» conduit nécessairement à récuser toute idée d'un *au-delà* de l'interprétation : qu'il s'agisse d'abord d'un sujet interprétant (d'un «interprète derrière l'interprétation»), ou bien encore d'un «monde», d'une réalité qui seraient l'objet externe et indépendant à quoi s'applique l'activité interprétative.

Il faut apercevoir alors, outre leur caractère nettement polémique, que nous nous proposons d'analyser dans le premier temps de cette étude, que ces premiers énoncés ne laissent pas de poser problème, et que les tenir pour allant de soi, ou les réduire à des énoncés bien connus (tel celui qu'évoque Nietzsche lui-même : «Tout est subjectif»), ne peut que laisser ignorer l'essentiel de ce qu'ils signifient à proprement parler. Il convient donc de les interroger en trois sens au moins, en tenant compte d'ailleurs des malentendus auxquels ils ont parfois pu donner lieu.

Si le monde est «connaissable» seulement dans la mesure où il est diversement «interprétable», faut-il comprendre la mise entre guillemets[1] de la «connaissance» comme le signe de la radicale récusation de la possibilité même de celle-ci? Sommes-nous inéluctablement guidés, par cet usage radical de la notion d'interprétation, vers un relativisme pour lequel toute interprétation pourrait être tenue pour la «mesure de toutes choses», et dès lors vers un scepticisme, qui excluraient toute possibilité d'une différenciation entre ces multiples modes de pensée?

D'autre part, si ce sont toujours «nos besoins qui *interprètent le monde*», si comme le dit encore Nietzsche la «manière dont les hommes *appréhendent les choses*» n'est jamais qu'une «interprétation déterminée par ce que nous sommes et par nos besoins»[2], si en d'autres termes toute interprétation peut se définir comme réponse à

nombreuses âmes mortelles". L'analyse nietzschéenne du corps», dans *Le Corps*, J.-Ch. Goddard (dir.), Paris, Vrin, 2005, p. 169-190.

1. Sur l'importante question de l'usage nietzschéen des guillemets, nous renvoyons à l'étude, désormais classique, d'É. Blondel, «Les guillemets de Nietzsche : philosophie et généalogie», dans *Nietzsche aujourd'hui?*, t. II, Paris, UGE, 1973, rééd. dans *Lectures de Nietzsche*, J.-F. Balaudé et P. Wotling (dir.), Paris, Librairie Générale Française, p. 71 *sq.*

2. *FP* XI, 39 [14].

des exigences physiologiques[1] et ainsi « la pluralité de sens comme condition de plusieurs genres de vie »[2], la pensée de Nietzsche ne se réduit-elle pas en dernière analyse à un cas – fût-il des plus particuliers – de *pragmatisme*, qui réduit la valeur d'une pensée à son « utilité » pour la vie ?

Enfin il faut interroger le statut de l'interprétation, si, comme le veut Nietzsche, elle ne renvoie à aucun au-delà d'elle-même, à savoir : ni à un *sujet* interprétant, ni à un *objet* interprété. Qu'est-ce qu'une interprétation sans rien ni personne qui interprète – et sans texte originel qui se propose à l'interprétation ? Nous verrons que c'est ultimement au sein de cette difficulté même, qui doit pour le moins faire question, que gisent le sens et l'enjeu authentiques de l'interprétation au sens où Nietzsche entend la penser – lui donnant une extension et une portée que nul avant lui n'avait osé lui accorder : car il entend faire ainsi de l'interprétation, non plus une activité humaine parmi d'autres, non plus d'ailleurs qu'une activité essentiellement humaine, mais en quelque sorte la trame même de la « réalité », qui n'est dès lors rien de plus qu'*interprétations*.

LA « CONNAISSANCE » : EXPLICATION, DESCRIPTION, INTERPRÉTATION

La notion d'interprétation se comprend d'abord de façon polémique. Elle joue avant tout, comme on l'a vu dans les textes précédemment cités, contre la croyance à un « état de fait »[3], c'est-à-dire à une réalité objective et indépendante de l'activité interprétative

1. Cf. *GS*, Préface, § 2 : les pensées qui prétendent à l'objectivité et l'idéalité sont présentées comme un « déguisement inconscient de besoins physiologiques », et par là même comme « symptômes de corps déterminés ».

2. *FP* IX, 4 [49]. Sur l'interprétation comme « condition d'existence », *cf.* entre autres : *GS*, § 110 ; *FP* X, 26 [127] (« Le mode selon lequel nous connaissons fait déjà lui-même partie de nos conditions d'existence »), 26 [137] (« l'intellect est aussi une conséquence de nos conditions d'existence »), et *FP* XII, 2 [108].

3. Cf. *PBM*, § 22, ou encore *FP* XII, 2 [82] : « il n'y a aucun état de fait », et 2 [149] : « Il n'y a pas d'«état de fait en soi», au contraire, *il faut toujours projeter un sens au préalable pour qu'il puisse y avoir un état de fait* ».

comme telle, ou encore à toute connaissance d'un « en soi » absolu, que Nietzsche critique comme étant une *contradictio in adjecto*[1] : ce que *nous* pensons est nécessairement relatif à *notre* mode de penser particulier, et ne saurait par définition nous apparaître que de manière *relative* ; inversement, « à supposer même qu'il y ait un en-soi, un absolu, de ce fait il ne saurait justement *pas être connu* »[2]. Ce que Nietzsche entend donc prendre en compte avant tout, c'est cela même que la tradition philosophique a prétendu nier, à savoir : que « la » connaissance est nécessairement *nôtre*, qu'elle ne saurait être « quelque chose qui ne concerne absolument personne »[3], quelque chose de « pur » ou de « désintéressé » – idée qui est non seulement problématique, car on serait alors en droit de s'interroger sur la valeur de l'entreprise théorique (pourquoi voulons-nous connaître si la connaissance ne nous concerne en rien ?), mais qui en outre « implique contradiction » dans la mesure où tout « connaître » signifie « entrer en relation conditionnelle avec quelque chose »[4]. L'exigence même de penser un en soi, ou un fait brut, est donc tout à fait dénuée de signification, et Nietzsche peut alors écrire, soit que de tels absolus, étant pour nous inaccessibles et inconnaissables, ne peuvent que nous être indifférents[5], soit de façon plus radicale qu'ils peuvent dès lors être

1. Cf. *PBM*, § 16 et 281.

2. *FP* XII, 2 [154]. Cf. *FP* XIII, 9 [40] : « Que les choses aient une *constitution en elles-mêmes*, [...] voilà une *hypothèse parfaitement oiseuse* : ce qui supposerait que le fait d'*interpréter et d'être subjectif ne* serait *pas* essentiel, qu'une chose, dégagée de toutes relations, serait encore chose », ou encore *FP* XIV, 14 [122], etc.

3. *Ibid.* : « Un tel «connaissant» veut que ce qu'il veut connaître ne le concerne pas ».

4. *Ibid.* Cf. *GM*, III § 12 : « gardons-nous des tentacules de concepts contradictoires tels que "raison pure", "spiritualité absolue", "connaissance en soi" : – on y exige toujours de penser un œil qui ne peut pas être pensé du tout, un œil qui ne doit avoir absolument aucune direction, [...] un contresens et un monstre conceptuel d'œil ».

5. Cf. *FP* XIV, 14 [103] : « un monde vrai – il peut être comme il veut, nous n'avons certainement pas d'organe permettant de le connaître [...] ». Cette affirmation apparaît toutefois dès les premiers textes de Nietzsche qui font encore un usage prégnant du vocabulaire kantien de la « chose en soi ». La même idée apparaissait clairement dès *Vérité et mensonge au sens extra-moral*, § 1, al. 6 : « La "chose en soi" (qui serait précisément la vérité pure et sans conséquence) reste totalement *insaisissable* et *absolument indigne des efforts* dont elle serait l'objet pour celui qui crée un langage », elle est (al. 8) « inaccessible et indéfinissable » (nous soulignons).

dits à bon droit inexistants (« quelque chose qui ne concerne personne *n'est* pas »[1]), puisque nous ne pouvons légitimement dire d'une chose qu'elle « est », non pas seulement « possible » dans l'absolu[2], mais au sens strict du terme, que dans la mesure où nous l'appréhendons en quelque façon[3]. Tout ceci informe fondamentalement, comme le note Richard Schacht, la manière dont Nietzsche pose, de façon radicalement nouvelle, les questions relatives à la connaissance, non plus en termes d'essence ou de critères objectifs de la connaissance, mais en considérant avant tout que « lorsqu'on s'occupe de difficultés épistémologiques, on s'occupe indéniablement de *problèmes humains*, de sorte que toute conclusion qui n'interpréterait pas ces difficultés en tenant compte de ce point serait, soit superficielle, soit erronée »[4].

Nietzsche s'attache alors à montrer en quoi ces modes de pensée que nous tenons usuellement pour parfaitement objectifs et neutres ne sont eux-mêmes que des interprétations qui s'enracinent en des besoins singuliers, et que seule une longue habitude nous a conduits à considérer comme seules légitimes. Ainsi montre-t-il par exemple, à l'égard de la pensée conceptuelle et logique, qu'elle provient d'un fond rien moins que logique : le besoin qu'a un vivant de retrouver du « même », de « reconnaître » et d'*identifier* rapidement ce qui est utile ou nuisible au sein de l'indéfinie multiplicité qu'implique la réalité en traitant sans cesse « le semblable comme de l'identique », tel serait le « penchant illogique » qui « a le premier créé tous les fondements de la logique »[5]. Le caractère purement intellectuel et désintéressé de la

1. *FP* XIV, 14 [103].

2. Sur cette idée, cf. *Humain, trop humain* (désormais cité *HTH*) I, § 9.

3. À défaut de quoi le penseur commet une faute que Nietzsche thématisera, comme nous le verrons plus loin, comme « invention » (*Erfindung*) de principes ou d'hypothèses « superflus ».

4. R. Schacht, *Nietzsche*, *op. cit.*, p. 54. Nous traduisons.

5. *GS*, § 111. Sur la pensée conceptuelle comme oubli des différences et simplification, *cf.* déjà *Vérité et Mensonge au sens extra-moral*, § 1, p. 281-282 : « Tout concept surgit de la postulation de l'identité du non-identique [...]. L'omission du réel et du particulier nous donne le concept comme elle nous donne aussi la forme [...] ». Plus généralement, Nietzsche montre que ce que nous entendons usuellement par le mot de « connaissance » se conçoit comme simple besoin et recherche d'une « reconnaissance », c'est-à-dire d'une constante réduction du divers à l'un et l'identique, cf. *GS*, § 355, et *FP* XIV, 14 [122].

(ou plutôt : d'une) logique dissimule toujours, comme le dira *Par-delà Bien et Mal*, « des exigences physiologiques liées à la conservation d'une espèce déterminée de vie »[1]. Notre croyance à son absolue neutralité vient de ce que nous n'en apercevons que la surface, le « résultat », lors même qu'elle provient d'un processus pulsionnel complexe, d'un besoin de déformer, ici de simplifier, ce qui d'abord nous apparaît ; et seul le fait que nous ayons « incorporé » (*einverleibt*), c'est-à-dire assimilé un tel mode de pensée sur une longue durée justifie (sans pourtant rendre nécessairement légitime) notre quasi-incapacité à nous en abstraire ou à simplement le mettre en question – ce pourquoi Nietzsche peut écrire en une formule frappante :

> La pensée rationnelle est une interprétation selon un schéma que nous ne pouvons pas rejeter[2].

De même convient-il de renoncer à la croyance naïve en la valeur absolue de la science, et particulièrement en ce qui concerne trois de ses aspects essentiels. Le premier consiste dans la volonté de trouver partout des régularités, plus précisément des lois universelles suivant lesquelles les phénomènes se produiraient de façon nécessaire et constante : dénonçant la croyance naïve selon laquelle la nature *elle-même* agirait « conformément à des lois », Nietzsche met au contraire en évidence ceci, qu'il s'agit là d'un « réarrangement et [d']une distorsion naïvement humanitaires », dont la source n'est autre que les « instincts démocratiques » propres à « l'âme moderne »[3]. Les « lois naturelles » ne sont nullement de l'ordre des *faits*, mais constituent bien plutôt une interprétation singulière d'un texte qui pourrait bien être tout autrement lu – non plus en cherchant toujours de la régularité, la répétition du bien connu, c'est-à-dire en égalisant ou uniformisant les phénomènes, mais en ayant le courage de renoncer au contraire à ce besoin de maîtrise de la réalité qui ne trouve à se satisfaire que par le moyen de la *simplification* de cette dernière. Le second aspect, qui

1. *PBM*, § 3.
2. *FP* XII, 5 [22].
3. *PBM*, § 22. Par « instincts démocratiques » (ou « idées modernes »), Nietzsche entend le besoin propre à la modernité de trouver partout de l'égalité, le refus de toute hiérarchie, cf. *ibid.*, § 44, 202-203 et 212, ainsi que l'*Essai d'Autocritique*, § 4.

ne fait que confirmer un tel besoin de simplifier, consiste dans la valorisation de ce qui peut être dénombré, mesuré, calculé[1], dans la volonté de « trouver des formules » mathématiques qui simplifient la « masse incommensurable d'expériences »[2] qu'il nous faut affronter et parvenir à assimiler, ce qui renvoie de fait à la même difficulté déjà mise au jour à propos de la pensée logique : c'est un besoin de « rendre-compréhensible » et « exploitable »[3], qui conduit à chercher et abstraire de la diversité réelle des « choses » unifiées, constantes et aisément manipulables par la voie de procédés mathématiques ; or de telles unités ou « choses » n'existent pas en elles-mêmes mais sont déjà « notre fiction »[4], fiction qui naît d'un besoin d'unité (que Nietzsche désigne sous le nom de « besoin atomistique »[5]), de régularité à des fins de maîtrise de la « réalité ». Cette deuxième tendance est enfin solidaire d'une valorisation de la connaissance sensible, particulièrement visuelle[6] et tactile, c'est-à-dire d'une volonté de « voir dans tout événement *un événement pour la vue et le toucher*, et par conséquent un mouvement »[7], de faire du monde un « monde pour l'œil »[8], constitué de « choses » matérielles et unifiées, puisque c'est précisément cela qui peut être mesuré et calculé, et qui répond en effet à notre besoin de stabilité et d'unité.

On remarque alors que ce sont, en dernière analyse, les mêmes besoins (de re-connaissance, d'unité) et les mêmes préjugés qui structurent les types de pensée que nous considérons généralement comme distincts, voire opposés : le besoin de stabilité qui informe la

1. Cf. *FP* XII, 7 [3] : pour la « vision *scientifique* du monde » : « Seule valeur, ce qui peut être dénombré et calculé ».

2. *FP* IX, 24 [17].

3. *FP* XII, 7 [3]. *Cf.* également à la même époque le fragment 7 [56] : « Pour comprendre le monde, il nous faut pouvoir le calculer ; pour pouvoir le calculer, il nous faut trouver des causes constantes ; comme nous ne trouvons pas dans la réalité ce genre de causes constantes, nous en inventons quelques unes – les atomes [...] ».

4. *FP* XIV, 14 [79].

5. *PBM*, § 12. *Cf.* aussi *FP* XII, 7 [56].

6. Cf. *FP* X, 25 [389] : « La science s'efforce [...] de tout réduire au sens *le plus distinct*, le sens optique ».

7. *FP* IX, 24 [17]. Cf. *GS*, § 373 : la science est « une interprétation qui n'admet que compter, calculer, peser, voir et toucher [...] ».

8. *FP* XIV, 14 [79].

perspective scientifique est le même que celui qui gît au fond de la métaphysique, ou de la pensée commune[1]. De même, la pensée rationnelle recouvre le même type de besoins que celle qui privilégie la perception : si nous *pensons* par « concepts », si nous *voyons* des « choses » ou des « causes » unes, c'est pareillement en vertu des besoins physiologiques qui sont les nôtres – en vertu de cette seule et « grande raison »[2] qu'est le corps. Nietzsche renvoie donc en quelque manière dos à dos la pensée rationnelle et les thèses sensualistes[3], en mettant en évidence le caractère superficiel de cette opposition : car si d'un côté il est possible de dire que les concepts ne sont que dérivés ou abstraits à partir de sensations singulières que nous simplifions et falsifions[4], d'un autre côté il faut bien dire que la sensation n'est jamais immédiate mais qu'elle-même est aussi et déjà le résultat d'une interprétation, d'une simplification et d'une falsification que Nietzsche peut alors aussi bien attribuer à la « raison »[5]; « voir », « entendre » ou « sentir », c'est toujours et déjà *interpréter*[6].

En conséquence des points précédents, Nietzsche met en place une première opposition entre deux types d'activité : celle qui consisterait à « expliquer » le monde, et celle qui vise simplement à le « décrire ». Ce que Nietzsche refuse, c'est en effet la prétention d'« expliquer », c'est-à-dire d'abord, suivant l'image que recouvre le terme allemand : *erklären*, à « éclairer » et ainsi faire voir plus clairement ou exactement la réalité comme telle – ou bien encore, suivant les définitions

1. Sur ces rapprochements, cf. *FP* XIV, 14 [186] et [187].

2. *Ainsi parlait Zarathoustra*, « Des contempteurs du corps ».

3. On notera toutefois que Nietzsche accorde au sensualisme une valeur au moins relative et polémique : contre l'idéalisme, l'approche sensualiste peut jouer le rôle d'un principe « heuristique » dans la mesure où elle favorise l'attention prêtée aux apparences au détriment de toute invention d'un « au-delà » ou de principes métaphysiques, *cf.* sur ce point *PBM*, § 15.

4. *FP* XIII, 9 [98] : « Toutes nos *catégories de la raison* sont d'origine sensualiste : décalquées d'après le monde empirique ».

5. *Crépuscule des Idoles*, La « Raison » en philosophie, § 3 : « [les sens] ne mentent pas du tout. Ce que nous faisons de leur témoignage, voilà ce qui commence à introduire le mensonge, par exemple le mensonge de l'unité, le mensonge de la choséité, de la substance [...]. La "raison" est cause de notre falsification du témoignage des sens ».

6. Sur la relation entre « voir » ou « entendre », et « interpréter », cf. *FP Aurore* (désormais cité *A*) 6 [239], *FP GS*, 11 [13], *FP* IX, 7 [125].

qui en sont données par les savants des XVIIIe et XIXe siècles, à ramener à des lois[1], à réduire à une fonction spatiale[2]. Car en usant de ces procédés qui lui sont propres (formules mathématiques, réduction à de la matière et du mouvement et à une légalité), la science ne connaît absolument, ni n'explique la nature : elle ne fait tout au plus que la *décrire* suivant une perspective, et par suite selon un type de discours, un « *langage symbolique* » ou une « sémiotique »[3] singuliers :

> Illusion de *connaître* quelque chose lorsque nous avons une formule mathématique pour l'événement : il est seulement *désigné*, *décrit* : rien de plus ![4].

Ce qui, selon Nietzsche, distingue son propos des « stades plus anciens de la connaissance et de la science »[5], c'est alors d'une part, négativement, le renoncement à atteindre tout en soi au-delà des interprétations qui sont les nôtres, et d'autre part, positivement, la reconnaissance du statut seulement descriptif de celles-ci – par exemple lorsqu'elles tiennent sur la « réalité » un discours de type causal, « causes » et « effets » n'étant en effet rien de plus que les concepts et les termes que nous formons du fait de notre besoin d'unité, et des préjugés atomistes et dualistes qui y répondent[6].

Ceci nous conduit à affronter une double difficulté : la première consiste en ce qu'opposant ainsi « expliquer » et « décrire », Nietzsche semble ne rien dire de plus que ce qu'affirment la science moderne, et le positivisme même. La difficulté tombe cependant dès lors que l'on

1. Telle est la définition kantienne de l'explication, cf. *Critique de la Raison Pure*, Méthodologie Transcendantale, 1, section 3 ; telle est aussi celle qu'en donne H. Spencer, l'une des cibles constantes de Nietzsche, dans les *Premiers Principes*, I, iv, § 24, et c'est bien en ce sens entre autres que Nietzsche critique l'« explication », cf. *FP* XII, 5 [10].

2. *Cf.* É. Meyerson, *De l'explication dans les sciences*, Paris, Fayard, 1927, chap. 1 et 2.

3. Cf. *FP* XIV, 14 [122].

4. *FP* XII, 2 [89].

5. *GS*, § 112.

6. Sur la relation entre les préjugés atomistes et dualistes, c'est-à-dire le besoin de penser de l'un et, pour cela, d'opérer des partitions duelles au sein desquelles l'un des deux termes est absolument dévalorisé, cf. *PBM*, § 2 et 12, et l'étude de P. Wotling, « "*Der Weg zu den Grundproblemen*". Statut et structure de la psychologie dans la pensée de Nietzsche », *Nietzsche-Studien*, 26 (1997), p. 6.

comprend que ce que Nietzsche nomme proprement « description » n'est à vrai dire que l'autre nom de l'« interprétation »; car toute appréhension prétendument immédiate et ainsi toute description des « faits » implique nécessairement déjà, comme nous l'avons vu, un « réarrangement »[1]. L'opposition initiale entre « expliquer » et « décrire », qui permet à Nietzsche d'indiquer de façon intermédiaire le lien étroit qui existe entre un type de discours ou de langage – langage nécessairement « symbolique » ou « imagé », s'il est vrai que, dès lors qu'il n'est aucun « être en soi », l'idée même d'un « *mode d'expression adéquat* » perd tout sens[2] –, et un type d'interprétation donné, renvoie donc cependant en dernière analyse à l'opposition plus radicale entre « expliquer » et « interpréter », et à l'idée que, là même où la science se fait plus modeste et renonce à une excessive volonté d'explication, elle demeure quoiqu'elle en ait une « interprétation », c'est-à-dire suivant l'explicitation qu'en donne Nietzsche à diverses reprises, une mise en ordre ou une donation de forme[3] – le reproche fondamental qui peut lui être fait même alors consistant précisément en ce qu'elle nie ou méconnaît son propre statut interprétatif.

La seconde difficulté, bien plus fondamentale, est celle que nous évoquions dès notre introduction : si toute connaissance se trouve réduite au statut de simple interprétation, c'est-à-dire d'une mise en forme qui peut aussi bien être thématisée par Nietzsche, de façon apparemment négative, comme « imagination » ou « fiction », voire parfois comme « erreur » ou « mensonge », et si d'ailleurs, de façon cohérente du moins, Nietzsche reconnaît le statut interprétatif de sa propre pensée[4], comment serait-il encore possible de parler de « connaissance »? Certains des énoncés de Nietzsche, et la critique radicale qu'il fait par ailleurs de la notion de « vérité », semblent bien indiquer alors la disparition, au sein de sa pensée, de toute possibilité

1. *PBM*, § 14.

2. *FP* XIV, 14 [122] : « Demander un *mode d'expression adéquat* est *absurde* : il est inhérent à la nature d'une langue, d'un mode d'expression, de n'exprimer qu'une simple relation ».

3. *Cf.* par exemple *GM*, II 12, p. 155 : « interprét[er] de façon nouvelle », c'est « ordonn[er] », « donn[er] forme » (*gestalten*, *formgeben*) de façon nouvelle.

4. Comme l'indiquent clairement les dernières lignes du § 22 de *Par-delà Bien et Mal*.

de connaître. À l'exigence sans cesse réitérée : « une interprétation du monde, non pas une explication »[1], fait en effet suite cet autre *requisit* : « interprétation, *pas* connaissance »[2], qui se trouve précisé en outre par l'énoncé suivant :

> Un même texte permet d'innombrables interprétations : il n'y a pas d'interprétation « juste »[3].

Le « perspectivisme » de Nietzsche semblerait bien en ce sens conduire à un strict relativisme, s'il n'existe que des interprétations multiples dont aucune ne saurait être dite plus « vraie » ou exacte que les autres – si même elles peuvent en un sens être dites toutes également « fausses » :

> Le monde qui *nous concerne* est faux, c'est-à-dire qu'il n'est pas état de fait mais invention poétique, total arrondi d'une maigre somme d'observations : il est « fluctuant », comme quelque chose en devenir, comme une erreur qui se décale constamment, qui ne s'approche jamais de la vérité : car – il n'y a pas de « vérité »[4].

Mais quel serait alors le privilège de l'interprétation que Nietzsche lui-même entend proposer, et quel serait encore l'enjeu du questionnement philosophique même, si en effet la théorie nietzschéenne de l'interprétation n'avait pour résultat, suivant la formule de R. Schacht, que de « reléguer [la philosophie] dans les ténèbres de l'indifférenciation cognitive »[5] ? Ce qu'il faut comprendre au contraire, c'est que la notion d'interprétation, loin de détruire toute connaissance, a d'abord en vue de permettre de penser – d'interpréter – *autrement* la connaissance et ses exigences propres, ce pourquoi, à l'affirmation : « interprétation, pas connaissance », Nietzsche ne laisse pas d'ajouter enfin cette autre formule, qu'il convient de prendre au sérieux :

1. *FP* XI, 42 [1] ; *FP* XII, 1 [121] et 2 [82].
2. *FP* XII, 2 [70].
3. *FP* XII, 1 [120].
4. *FP* XII, 2 [108].
5. R. Schacht, « Nietzsche on Philosophy, Interpretation and Truth », *Nous*, vol. 18, n° 1 (Mars 1984), p. 79. Nous traduisons.

> Que peut seulement être la *connaissance*? – « interprétation », non « explication » [1].

C'est donc, non pas une absence radicale de connaissance, mais une tout autre forme de celle-ci, et à son égard de tout autres exigences, que nous invite à penser Nietzsche : de sorte que l'on pourrait dire que, s'il demeure possible de penser une « connaissance », voire une « vérité » en un sens nouveau, c'est dans la mesure seulement où la « "vérité" est irréductiblement *perspective*, et la "connaissance" essentiellement *interprétative* » [2].

INTERPRÉTATION ET ÉVALUATION : VIE, PROBITÉ ET MÉTHODE

Il est d'abord pertinent toutefois de noter ceci, que Nietzsche a lui-même thématisé le risque d'incompréhension de ses propres thèses sur ces points, prévoyant que notre long attachement à l'idée d'une connaissance, d'une vérité ou d'une morale absolues doivent nous conduire, pour peu que nous découvrions en effet qu'il n'est de « connaissance » que multiple et interprétative, à nier également la valeur de toute interprétation, à sombrer dans un pessimisme relativiste, et ainsi dans le nihilisme; notre « ancienne et profonde confiance » se trouvant alors changée, non seulement en « doute », suivant le processus décrit par le § 343 du *Gai Savoir*, mais en son extrême inverse :

> Le déclin de l'interprétation *morale* du monde, qui n'a plus de *sanction* [...] : finit dans un nihilisme « Rien n'a de sens » (le caractère inutilisable d'Une interprétation du monde à laquelle on a consacré une force énorme – éveille le soupçon que *toutes* les interprétations du monde pourraient être fausses) [3].

C'est véritablement une logique du « tout ou rien » que Nietzsche décrit ici, c'est-à-dire aussi bien une manière de penser qui manque

1. *FP* XII, 2 [86].
2. R. Schacht, *Nietzsche*, *op. cit.*, p. 95. Nous soulignons.
3. *FP* XII, 2 [127], 3.

précisément de cet « art de la nuance » [1] qui doit selon Nietzsche caractériser le penseur authentique; c'est en effet le propre de la faiblesse, de qui est incapable d'appréhender sans crainte l'infinie diversité qui est celle de la « réalité », c'est-à-dire aussi bien des interprétations, que de passer d'un état initial de vénération absolue d'une interprétation tenue pour vraie, à la croyance selon laquelle rien n'a de valeur, dès lors que cela que nous tenions pour seul doué de valeur perd de sa puissance et se trouve mis en balance avec d'autres interprétations possibles :

> Une interprétation s'est effondrée; mais du fait qu'elle passait pour « *l'Interprétation* », il semble qu'il n'y ait plus aucun sens dans l'existence, que tout soit *en vain* [2].

Telle n'est donc justement pas la position de Nietzsche, dont le caractère paradoxal – aux yeux du moins de qui est accoutumé aux manières traditionnelles de penser – consiste en ce que, tout en mettant en évidence le caractère *relatif* de toute pensée, il n'entend cependant en aucun cas en rester à un pur et simple *relativisme*, symptôme de faiblesse, plus précisément d'une incapacité à embrasser une diversité, à comparer, à *hiérarchiser* et *choisir*. Car s'il est des interprétations multiples, ceci n'implique nullement en effet qu'elles soient toutes d'égale *valeur*.

Ce qu'il faut préciser alors, c'est que l'interprétation comme telle n'est jamais neutre : interpréter, c'est toujours évaluer [3], valoriser ou dévaloriser, c'est-à-dire accorder plus ou moins d'importance à certains aspects de la « réalité » (privilégier par exemple le semblable plutôt que la dissemblance), ou à une manière particulière de l'envisager (comme ensemble d'unités discontinues et dénombrables par exemple). Au sens strict du terme, une interprétation peut être appelée une « valeur », ou une « évaluation », dès lors qu'elle joue, pour un homme ou une culture, comme condition de vie si bien incorporée

1. *PBM*, § 31.
2. *FP* XII, 5 [71], 4.
3. Cf. *GS*, § 301 : « Tout ce qui possède de la valeur dans le monde aujourd'hui ne la possède pas en soi [...], une valeur lui a un jour été donnée et offerte, et *c'est nous* qui avons donné et offert ! C'est nous seuls qui avons d'abord créé le monde *qui intéresse l'homme en quelque manière* ! ».

qu'elle régule inconsciemment les manières d'agir et de vivre de cet homme ou au sein de cette culture. En conséquence, il faut comprendre aussi que ce que Nietzsche entend par « interprétation » et « évaluation » est bien tout autre chose qu'une « représentation » : non seulement il n'est pas de « réalité » qu'il nous reviendrait de nous représenter mentalement, mais en outre l'interprétation, en tant qu'elle est quelque chose *du corps*, dont les enjeux sont alors non pas seulement théoriques mais également pratiques ou vitaux, est d'un tout autre ordre qu'une simple représentation [1].

Mais parce que ces interprétations ou évaluations sont relatives à des besoins et jouent comme conditions de vie, elles sont alors susceptibles, en retour, d'être elles-mêmes interprétées ou évaluées en tant que « signes » ou « symptômes » (elles constituent une « sémiotique » alors aussi en effet, au sens médical du terme, comme y a insisté G. Deleuze [2]) d'un certain degré de faiblesse ou de force, ou pour parler en termes médicaux comme le fait souvent Nietzsche, de santé ou de maladie. Il revient alors au philosophe, pensé comme « médecin de la culture » [3], de mener ce que Nietzsche appellera proprement à partir de 1887 une enquête « généalogique », c'est-à-dire d'interroger « la valeur des valeurs » [4] qui sont celles des hommes et des cultures présents ou passés, et ce en vue de créer à l'avenir des valeurs nouvelles. Interprétations et évaluations s'entendent donc en quelque façon en un double sens : nos manières de vivre et de penser sont informées par les interprétations ou évaluations qui sont les nôtres, et il revient au philosophe d'interpréter, c'est-à-dire dans le même temps d'évaluer, le degré de santé ou de force que favorisent – ou non – les premières.

La notion nietzschéenne d'interprétation a alors pour conséquence majeure de substituer, à la problématique dualiste ancienne de la

1. Sur ces points, *cf.* P. Wotling, *Le vocabulaire de Nietzsche*, *op. cit.*, « Valeur/évaluation ».

2. G. Deleuze, *Nietzsche et la philosophie*, Paris, PUF, 1962, rééd. 1999, III, 1.

3. Cf. *FP* des *Considérations Inactuelles* (*CIn*) I-II, 23 [15], et *GS*, Préface, § 2. Sur cette métaphorique centrale dans la pensée de Nietzsche, *cf.* P. Wotling, *Nietzsche et le problème de la civilisation*, *op. cit.*, II, 1.

4. Cf. *GM*, Préface, § 6.

vérité et de la fausseté, une problématique nouvelle, à la fois plus complexe et plus radicale, de la *valeur*; déplacement qui conduit à mettre précisément en question la valeur même de la « volonté de vérité » qui nous a si longtemps guidés[1] :

> Que l'on apprécie toute la valeur de l'ignorance dans son rapport aux moyens de conservations de l'être vivant, de même la valeur des simplifications en général et la valeur des fictions normatives, par exemple des fictions logiques, et que l'on considère avant tout la valeur des interprétations, et dans quelle mesure il ne s'agit pas d'un « c'est », mais d'un « cela signifie »[2].

Le questionnement *gnoséologique* doit laisser place à un questionnement *axiologique*, qui se conçoit également comme questionnement physiologique puisque c'est bien au sein d'une logique, ou plutôt d'une métaphorique vitale et médicale qu'il se déploie.

Nos interprétations multiples sont donc susceptibles d'une évaluation, et ainsi d'une hiérarchisation, dans l'optique *de la vie*, c'est-à-dire de l'accroissement de la puissance du « type homme ». Néanmoins, il serait on ne peut plus trompeur de caractériser la pensée de Nietzsche comme une manière de pragmatisme[3] – et ce pour trois raisons essentielles : d'une part, parce que Nietzsche renonce à l'idée même de vérité, qui demeure au contraire essentielle pour le pragmatisme, au profit d'un questionnement en terme de valeurs ; d'autre part, parce que cette valeur qui intéresse Nietzsche n'est nullement pensée en termes d'utilité ou d'efficacité à court terme, mais, comme y insiste Jean Granier, « *par référence à la distinction de la vie ascendante et de*

1. *Cf.* à cet égard surtout : *GS*, § 344 ; *PBM*, § 1 ; et *GM* III, § 24.

2. *FP* XI, 43 [1].

3. Nous renvoyons sur cette question aux analyses de W. Kaufmann, *Nietzsche. Philosopher, Psychologist, Antichrist*, Princeton, Princeton University Press, 1974, p. 87-89 et 355-361 ; ainsi qu'à l'ouvrage de J. Granier, *Le problème de la Vérité dans la philosophie de Nietzsche*, Paris, Seuil, 1966, p. 482-493, qui confrontent la pensée de Nietzsche et les thèses pragmatistes pour en montrer les similitudes apparentes et les différences radicales; il nous semble toutefois qu'au contraire des formules dont use régulièrement Granier au fil de son ouvrage, il conviendrait de renoncer radicalement à user du terme de « pragmatisme », qui ne peut qu'être source de confusion, pour caractériser la philosophie de Nietzsche.

la vie décadente»[1], c'est-à-dire non pas seulement en termes de conservation effective de tel type particulier de vie (y compris des types les plus faibles), mais bien plutôt en termes d'accroissement de la vie et de la puissance – et ce éventuellement au détriment des types de vie décadents. Ainsi que l'indique alors clairement la fin du premier traité de la *Généalogie de la Morale*, il faut distinguer clairement la perspective strictement utilitaire et réductrice, qui n'envisage rien de plus que la conservation du type humain tel qu'il est actuellement connu, du questionnement qui est proprement celui de Nietzsche, et qui a en vue l'éventuel dépassement des types actuels :

> Quelque chose qui, par exemple, aurait manifestement de la valeur dans la perspective de la plus grande durée possible d'une race (ou de l'accroissement de ses forces d'adaptation à un climat déterminé, ou de la conservation du plus grand nombre), n'aurait absolument pas la même valeur s'il s'agissait de constituer un type plus fort[2].

Il faut songer à titre d'exemple à l'« idéal ascétique » qu'étudie le troisième traité du même ouvrage : cet idéal (qui se caractérise par la survalorisation de ce qui est dit « spirituel », de l'être et de la vérité pensés comme au-delà des apparences, ce qui conduit à une égale dévalorisation du sensuel et des apparences sensibles) est « un artifice de *conservation* de la vie »[3], mais d'une vie épuisée, malade, qui se trouve ainsi maintenue et non point dépassée. De sorte que, si l'on pourrait en un sens parler d'une « utilité », d'une « efficacité » ou d'un « succès » des idéaux ascétiques, ce n'est cependant pas cela qui est aux yeux de Nietzsche ultimement signifiant :

> Ce n'est pas l'*effet exercé* par cet idéal que je dois mettre ici en évidence ; mais exclusivement ce qu'il *signifie*, ce qu'il fait deviner [...] ce dont il est l'expression provisoire, confuse, surchargée de points d'interrogations et de mécompréhensions[4].

1. J. Granier, *Le problème de la Vérité dans la philosophie de Nietzsche*, *op. cit.*, p. 493.
2. *GM*, I, § 17, p. 114.
3. *GM*, III, § 13, p. 214.
4. *GM*, III, § 23, p. 249.

L'évaluation d'une interprétation, par exemple d'un « idéal », implique de s'interroger, non sur l'utilité, entendue au sens usuel, de ceux-ci, mais sur leur « signification », en termes de degré de santé ou de maladie, de vie ou de puissance ; à cet égard, comme le montrera la fin du traité, l'idéal ascétique qui permet à un certain type (affaibli, malade) de vivant de se conserver, peut finalement être traduit ou interprété comme une « *volonté de néant* », comme « une aversion à l'égard de la vie »[1].

La troisième raison qui interdit toute assimilation de ces thèses à un quelconque pragmatisme, et qui est aussi la plus lourde de sens et de conséquences, est enfin la suivante : en se proposant d'interroger la valeur de multiples interprétations, Nietzsche n'entend pas interroger seulement leur valeur en termes de vie ou de puissance ; mais aussi, parallèlement (car en dernière analyse ces deux points de vue renvoient indissolublement l'un à l'autre) en termes de « rigueur », de « probité », et dès lors le caractère « erroné », voire « faux » de certaines d'entre elles. Qu'est-ce à dire ? Et Nietzsche n'en revient-il pas ici à cela même qu'il critique par ailleurs ? Nous allons voir qu'il n'en est rien, mais il faut pour mieux le comprendre réinscrire l'idée d'interprétation au sein du réseau métaphorique au sein duquel Nietzsche la pense et l'énonce.

L'activité interprétative est, pour une part, pensée comme activité *artistique*, c'est-à-dire créatrice, qui consiste en l'imposition de formes nouvelles, et par là en la destruction de formes anciennes – ce pourquoi Nietzsche pouvait dire dès la *Naissance de la Tragédie* que tout homme est en quelque manière un « artiste » involontaire[2], et ce pourquoi il écrira encore dans le § 291 de *Par-delà Bien et Mal*, que

> le concept d'« art » recouvre peut-être bien plus de choses qu'on ne le croit communément.

Interpréter, c'est alors aussi créer des « images » (*Bilde*), « imaginer » (*einbilden*) – métaphore (en laquelle s'inscrit l'idée et la métaphore des « perspectives », et qui confirme l'orientation anti-intellectualiste et anti-essentialiste de la pensée de Nietzsche) qui a

1. *GM*, III, § 28, p. 270.
2. *La naissance de la tragédie*, § 1.

entre autres pour conséquences ceci, que la valeur de l'image ne réside pas en un au-delà d'elle-même, non plus que celle de l'œuvre d'art en son caractère de « copie » plus ou moins fidèle d'une réalité extérieure, mais bien en l'image même en tant que création issue d'une idiosyncrasie particulière : la tâche du penseur ne peut consister qu'à « perfectionner l'image du devenir », en aucun cas, comme on l'a trop souvent cru, à passer « par-delà l'image », « derrière l'image »[1].

Mais l'interprétation est également pensée par Nietzsche dans le contexte d'une métaphore *philologique*[2], la philologie se définissant comme « art de bien lire » et de procéder avec prudence en toute interprétation[3] : la nature peut être pensée comme un « texte »[4] que nous sommes susceptibles d'interpréter avec plus ou moins de rigueur et d'honnêteté – la plupart des interprétations philosophiques ou scientifiques qui en ont été données jusqu'ici ayant été selon Nietzsche le plus souvent malhonnêtes et sans rigueur. Ceci implique qu'il existe bien, aux yeux de Nietzsche, des critères non point de vérité mais du moins de *méthode* dans l'interprétation, et l'exclusion avant tout de trois fautes méthodiques[5] qui sont l'effet du « manque de philologie » et de « probité » dont souffrent nombre de penseurs : la première consiste à falsifier le texte même qui est à interpréter, à le tronquer ou à y ajouter ce qui ne s'y trouve nullement, comme le fit Schopenhauer en projetant arbitrairement en certains phénomènes un « vouloir vivre » qui ne s'y dessine pourtant nullement[6] ; la seconde est celle qui conduit à confondre le texte et son interprétation – ainsi de

1. *GS*, § 112. Sur l'importance des images et du langage imagé dans le texte de Nietzsche, nous renvoyons aux analyses d'É. Blondel, *Nietzsche, le corps et la culture*, *op. cit.*, chap. IX ; *cf.* également sur ce point notre étude, « Par-delà l'iconoclasme et l'idolâtrie. Sens et usage de la notion d'image dans l'œuvre de Nietzsche », *Nietzsche-Studien*, Bd 35, Novembre 2006.

2. Sur cette question, que nous ne pouvons développer ici en toute son extension, *cf.* É. Blondel, *Nietzsche, le corps et la culture*, *op. cit.*, VII, et P. Wotling, *Nietzsche et le problème de la civilisation*, *op. cit.*, I 1.

3. *L'Antechrist*, § 52, trad. fr. É. Blondel, Paris, Flammarion, 1994.

4. *HTH* II, *Le Voyageur et son Ombre*, § 17.

5. Nous reprenons ici les analyses de P. Wotling, *Nietzsche et le problème de la civilisation*, *op. cit.*, p. 45 *sq.*

6. Cf. *HTH* II, *Le Voyageur et son Ombre*, § 17.

la science, qui pense la légalité naturelle comme un « texte » sans apercevoir qu'il s'agit là au contraire de *son interprétation* du texte de la nature, ou encore par exemple de la disparition du « texte » historique de la révolution française « *sous les interprétations* » de ceux qui l'ont mêlé « à leur propres révoltes et à leurs propres enthousiasmes »[1] ; enfin, il est des interprétations que Nietzsche n'hésite pas à dire « fausses » ou « mensongères », dans la mesure où elles ajoutent au seul texte apparent et immanent des principes interprétatifs « inventés » et non point découverts au sein du texte même – ainsi des interprétations qui envisagent tout ce qui advient dans la seule perspective de la « gloire de Dieu » ou du « salut de l'âme »[2]. On pourrait donc dire qu'il existe au moins un critère négatif, concernant la « fausseté » de certaines interprétations : celle-ci « se caractérise d'abord », ainsi que l'indique Patrick Wotling, « par un excédent », et au travers de cette métaphore philologique Nietzsche pense « une théorie générale du contresens défini comme injection dans le texte originel d'un surplus de sens »[3]. Ceci implique dans le même temps que, si toute interprétation est en un sens « fiction », toute « fiction » cependant n'est pas « affabulation ». Les variations lexicales que l'on aperçoit alors au sein des textes de Nietzsche peuvent (quoique de façon non systématique) être signifiantes à cet égard : comme l'a remarqué É. Blondel, Nietzsche désigne plutôt l'interprétation au sens strict par le terme d'*Auslegung*, ou encore de *Deutung*, tandis que l'*Interpretation* vise souvent un « commentaire plus ou moins libre, glose surajoutée et infidèle au texte »[4]. Et il faut voir enfin que ce critère apparemment purement théorique ne laisse pas de renvoyer pourtant dans le même temps à la question de la valeur vitale : car ce sont précisément les interprètes les plus faibles qui n'ont pas le courage d'affronter le texte de la nature comme tel, dans toute sa complexité et son caractère éventuellement « effrayant », mais qui ont préféré le simplifier ou le recouvrir d'un masque rassurant[5].

1. *PBM*, § 38.
2. *Cf.* par exemple *GS*, § 357.
3. P. Wotling, *Nietzsche et le problème de la civilisation*, *op. cit.*, p. 48.
4. É. Blondel, *Nietzsche, le corps et la culture*, *op. cit.*, p. 140.
5. Cf. *PBM*, § 230.

Tout ceci démontre, concernant notre problème initial, que la pensée de Nietzsche peut bien être dite alors un *anti-pragmatisme*, pour lequel l'utilité à l'égard de la vie ne saurait en aucun cas être « un argument »[1] : une interprétation peut fort bien être « une foi, une nécessité vitale, et *malgré cela* être fausse »[2].

À ces premiers critères méthodiques négatifs, viennent cependant s'ajouter d'autres exigences, positives cette fois : une fois récusées les interprétations « fausses », il ne saurait cependant être davantage question de penser une interprétation « vraie » ou « exacte » ; mais une hiérarchie n'en peut pas moins être établie au sein des diverses interprétations scrupuleuses. Nietzsche, reprenant à son compte quoique en en repensant le statut une exigence méthodique et scientifique classique, fait de l'exigence de cohérence et de « l'économie des principes » le point le plus essentiel de « la méthode »[3]. Tout comme l'interprétation d'un texte littéraire sera jugée d'autant plus valeureuse qu'elle rend compte de la cohérence et du sens de certains détails de l'œuvre que d'autres ont négligé, une interprétation du texte des apparences sera de même douée d'une plus grande valeur si elle peut être dite avoir en quelque sorte une plus grande puissance d'interprétation, et ce non pas seulement pour des raisons théoriques, mais également pratiques : l'interprétation la plus puissante est celle qui permet la plus grande maîtrise de la « réalité », c'est-à-dire des apparences dans toute leur complexité. C'est d'ailleurs cette exigence qui va légitimer la préférence que Nietzsche accorde à « sa thèse »[4], c'est-à-dire à son interprétation de la réalité en termes de « volonté de puissance » : si elle est, d'une part, plus probe en ce qu'elle n'ajoute ou ne suppose aucun principe au-delà du texte apparent de la nature, elle est en outre l'hypothèse interprétative la plus puissante, c'est-à-dire celle qui permet de compte de façon cohérente de l'ensemble de la réalité, aussi bien organique qu'inorganique, psychologique que

1. *GS*, § 121.
2. *FP* XI, 38 [3].
3. *PBM*, § 13 : « attention aux principes téléologiques *superflus* ! [...] C'est en effet ce qu'ordonne la méthode, qui doit être essentiellement économie de principes [*Principien-Sparsamkeit*] ».
4. *PBM*, § 36.

physiologique, comme y insistera le § 36 de *Par-delà Bien et Mal* qui pour la première fois fait la « tentative » de penser l'ensemble de la réalité suivant cette interprétation nouvelle :

> Il n'est en fin de compte pas seulement licite de faire cette tentative : cela est ordonné par la conscience de la méthode. Ne pas supposer plusieurs espèces de causalité tant que la tentative de se contenter d'une seule n'a pas été poussée jusqu'à la limite ultime [...] : voilà une morale de la méthode à laquelle on n'a pas le droit de se soustraire aujourd'hui [1].

Là où les théories antérieures devaient souvent s'en tenir, par exemple, à faire usage de deux ordres de causalité distincts (efficience et finalité, ou bien encore mécanisme et volonté libre [2]) pour parvenir à « expliquer » l'ensemble de la réalité, Nietzsche entend proposer une interprétation qui surpasse ces points de vue univoques, partiels et seulement juxtaposés : l'hypothèse – et le langage – de la « volonté de puissance » sont précisément ceux qui doivent permettre de décrire et interpréter de manière homogène les apparences en leur diversité même.

À ce point de nos analyses, et avant d'approfondir ce dernier point, il faut cependant affronter une difficulté majeure qui demeure cependant : s'il n'est aucun « état de fait », mais seulement des interprétations, quel est au juste le « texte » qui est ainsi multiplement interprété ? S'il n'est aucun au-delà de l'interprétation, faut-il donc tenter de penser une interprétation qui ne renvoie cependant à aucun *sujet* pensé comme cause de l'interprétation, ni à *rien qui* soit interprété ? Et à vrai dire : comment Nietzsche peut-il sans se contredire, critiquant certaines interprétations comme « fausses » ou insuffisantes, évoquer lui-même cela qu'il a pourtant radicalement récusé, à savoir des « états de faits » dont il semble estimer qu'ils relèvent avant tout de la

1. *PBM*, § 36. Sur ce texte, et plus généralement sur l'interprétation nietzschéenne de la réalité comme « volonté de puissance », nous renvoyons aux analyses de P. Wotling, *Nietzsche et le problème de la civilisation*, *op. cit.*, I, 2, ainsi qu'à l'ouvrage de W. Müller-Lauter, *Nietzsche. Physiologie de la volonté de puissance*, Paris, Allia, 1998.

2. C'est précisément parce que l'hypothèse de la volonté de puissance prend d'abord en compte pour mieux la surpasser cette diversité de points de vue, qu'elle pourra être énoncée par Nietzsche, tantôt en termes de « forces » et de « *quanta* » de puissance (*cf.* par exemple *FP* XIV, 14 [79]), tantôt en termes d'affects et d'instincts.

physiologie[1], plus encore un « fait ultime »[2] ou (fût-ce sous une forme hypothétique) une « essence la plus intime de l'être »[3], à laquelle il entend donner le nom de « volonté de puissance » ? Ici réside sans doute l'une des plus grandes difficultés de la pensée de Nietzsche, que nous tenterons d'éclaircir dans le dernier temps de cette étude.

LA « RÉALITÉ » COMME *INTERPRÉTATIONS* : « LA VOLONTÉ DE PUISSANCE *INTERPRÈTE* »

Pour aborder ce dernier point, il faut d'abord rappeler les conséquences majeures de ce qui a été initialement constaté : rien de plus ne nous est accessible que des interprétations multiples – « le monde », c'est-à-dire les apparences elles-mêmes, ne sont *rien de plus que* cet « infini » interprétatif. Par suite, on pourrait dire en quelque sorte que, si comme l'écrit Nietzsche le monde n'est « connaissable » que dans la mesure où il est diversement « interprétable », en retour il n'« est » à vrai dire qu'interprétations et activité interprétative, et rien de plus – qu'il n'a en quelque sorte d'*être* qu'en tant qu'*être-interprété*. En d'autres termes encore, la réalité n'est pas un « quelque chose » qui *est interprété*, ou à quoi s'ajoutent en quelque sorte secondairement des interprétations variées : mais elle n'est d'emblée *rien de plus qu'*interprétations, soit un ensemble indéfini de processus et de luttes pulsionnelles.

1. Cf. *GM* III, 13 : « pour lui [*i.e.* l'interprétation que Nietzsche juge ici insuffisante] substituer brièvement l'état de fait : *l'idéal ascétique résulte d'un instinct de protection et de salut propre à une vie en dégénérescence*, qui cherche à se maintenir par touts les moyens et lutte pour son existence ; il indique une inhibition et une fatigue physiologique partielle contre laquelle les instincts les plus profonds de la vie, demeurés intacts, luttent sans relâche grâce à de nouveaux moyens et de nouvelles inventions ». La même expression apparaît en III, § 16, p. 226 : l'« état de fait » qui doit être interprété est « une contrariété physiologique ».

2. *FP* XI, 40 [61] : « Nos pulsions sont réductibles à la volonté de puissance. / La volonté de puissance est le fait ultime, le terme dernier auquel nous puissions parvenir ».

3. *FP* XIV, 14 [80] : « Si l'essence la plus intime de l'être est volonté de puissance, si le plaisir est toute croissance de la puissance [...] : ne pouvons-nous pas alors poser plaisir et déplaisir comme des faits cardinaux ? ».

Si d'autre part comme on l'a vu les interprétations sont relatives à des besoins, à des exigences physiologiques, à des complexes de pulsions ou d'instincts, le « texte » ne serait donc rien de plus que ce texte pulsionnel, c'est-à-dire le texte du corps, à l'égard duquel nos interprétations jouent le rôle d'une « sémiotique », d'un ensemble de symptômes – sans qu'il faille penser toutefois une relation d'extériorité ou de transcendance entre l'un et les autres : nous n'accédons jamais à proprement parler à un *au-delà* de l'interprétation ou de l'image, et en ce sens il faut comprendre que le « texte » et le « corps » dont nous parle Nietzsche ne sont en rien la dénomination nouvelle d'un « fondement » ou d'un « principe » au sens traditionnel du terme – que le « texte » qui est à interpréter en d'autres termes encore, n'est en aucun cas un texte absolument *originaire*[1].

Nietzsche prend bien soin en ce sens d'insister sur ceci, que le texte pulsionnel en tant que tel est quelque chose qui nous demeure « inconnu », que nous n'appréhendons nécessairement que sous forme d'« images », de « variations fantaisistes », ou d'un « langage symbolique »[2] qui seuls pour nous sont accessibles et lisibles : le corps entendu comme complexe pulsionnel ne joue donc nullement le rôle d'un nouvel en soi; nous n'avons pas, nous dit Nietzsche, à rechercher sa « signification *ultime* »[3], et nous sommes seulement renvoyés ici à l'exigence de lire le texte des interprétations de façon immanente, mais suivant une perspective nouvelle et ainsi dans le cadre d'un « nouveau langage » qui admette la multiplicité, la variation, l'absence de tout en soi comme de tout fondement ultime, ce qui implique en outre alors la double disparition suivante, qui fait le propre – et dans un premier temps, l'étrangeté assurément – de cette

1. Il est déjà lui-même un « langage figuré des affects », ainsi que l'écrit Nietzsche, autrement dit déjà une manière de « traduction » : le travail du philosophe et philologue consiste en ce sens à interpréter un texte qui (comme c'est le cas en effet au sein du travail philologique en tant que tel) ne peut jamais être envisagé comme absolument premier, mais qui seul néanmoins nous est d'abord donné, ce pourquoi la recherche d'un au-delà du texte ne peut être que trompeuse et source d'un manque de probité dans l'interprétation.

2. *A*, § 48 et 119, p. 101.

3. *FP* XII, 5 [56]. Nous soulignons.

manière nouvelle de penser la « réalité » et la « connaissance » qui est celle de Nietzsche.

À la disparition de la « fiction » d'un objet en soi distinct de toute interprétation, que nous avons déjà examinée, répond en effet nécessairement la disparition de tout « sujet » distinct et cause de l'interprétation[1] : celui-ci n'est également qu'une falsification, une simplification opérée à partir de la complexité et de la diversité qui est la nôtre, toujours en vertu du « besoin atomistique » qui caractérise depuis si longtemps nos manières usuelles de penser, et qui s'est sédimenté au sein de nos manières aussi de parler, au sein du langage et de sa « grammaire »[2]. La croyance au « sujet » n'est que le revers de la croyance aux « choses » (c'est à vrai dire selon Nietzsche parce que nous projetons dans le texte de la nature notre croyance au « moi », au « sujet », que nous pensons aussi des « choses » unifiées et « causes » de divers mouvements ou actions[3]), de sorte que la remise en cause de l'une doit nécessairement conduire aussi à la récusation de l'autre[4]. Nous trouvons bien alors, au sein des exigences méthodiques et philologiques évoquées plus haut, et du fait de cette critique du « sujet » comme fiction simplifiante et unifiante, la justification précise de l'affirmation contenue dans le texte que nous avions pris pour point de départ de cette étude :

> le « sujet » n'est pas un donné, mais quelque chose d'inventé-en-plus, de placé-par-derrière. – Est-ce finalement nécessaire de poser en plus l'interprète derrière l'interprétation? C'est déjà de l'invention, de l'hypothèse.
>
> [...] Ce sont nos besoins qui *interprètent le monde* : nos instincts, leur pour et leur contre[5].

1. Sur la critique de la croyance au « sujet », au « je », cf. *PBM*, § 16-17, et l'étude de P. Wotling, *La Pensée du sous-sol*, Paris, Allia, 1999, p. 24-36.

2. Cf. *PBM*, § 34 et 54.

3. *Cf.* par exemple *FP* XIII, 9 [91] : « Nous n'avons fait qu'inventer *les choses* d'après le modèle du sujet, et notre interprétation les a projetées dans le pêle-mêle des sensations ».

4. *Ibid.* : « Dès que nous cessons de croire au sujet *agissant*, tombe aussitôt la croyance à des choses *agissantes* [...] ».

5. *FP* XII, 7 [60].

Pas plus que d'objet à quoi s'applique l'interprétation, il n'y a de sujet qui, à proprement parler, interprète. À la question : « *qui* interprète ? », il convient donc de répondre en toute rigueur, non pas : « moi » ou « tel sujet » déterminé et sous-jacent, mais : « nos besoins », nos instincts ou « nos affects » [1] – encore le « nos », suggérant l'idée de possession et de maîtrise, est-il peut-être ici de trop, ce pourquoi Nietzsche peut encore radicaliser l'exigence de rigueur de langage précédente, en nous indiquant que la question même du « qui » doit être abandonnée :

> Il ne faut pas demander : « *qui* donc interprète ? », au contraire, l'interpréter lui-même, en tant que forme de la volonté de puissance, a de l'existence (non, cependant, en tant qu'« être », mais en tant que *processus*, que *devenir*) en tant qu'affection [2].

Ce n'est que la multiplicité – psycho-physiologique – des instincts ou affects que Nietzsche entend lire à même les textes multiples des interprétations, et plus précisément la lutte ou le combat de ces pulsions qui sont à la source de celles-ci, qui jouent en retour à leur égard le rôle de symptômes signifiants. Si cette idée d'une lutte pulsionnelle est présente à vrai dire dès les premiers textes de Nietzsche [3], c'est en particulier à partir de l'époque de *Humain, trop humain* [4], puis surtout d'*Aurore*, que se fait explicitement jour cette « hypothèse psychologique » [5] qui le conduira à lire et interpréter la réalité, humaine d'abord, mais aussi en toute son extension ensuite, comme

1. Cf. *FP* XII, 2 [190] : « *Qui interprète ?* – nos affections ».

2. *FP* XII, 2 [150].

3. On lira à cet égard le texte intitulé *À propos des humeurs* (*Über Stimmungen*), dans *Premiers écrits. Le monde te prend tel que tu le donnes*, trad. fr. J.-L. Backès, Paris, Le Cherche-Midi, 1994.

4. Cf. *HTH* I, § 595, qui montre que le désir de plaire comme de déplaire sont « un moyen d'arriver à la puissance ». Un posthume de la même époque (23 [63]) affirme : « La peur (négativement) et la volonté de puissance (positivement) expliquent le grand cas que nous faisons des opinions des gens [...] ». En cette première occurrence toutefois on voit que, comme le remarque Kaufmann, la « volonté de puissance » n'est encore qu'une force particulière : « [It appears] not as a basic force of a monistic metaphysics but as one of two cardinal psychological phenomena », *Nietzsche. Philosopher, Psychologist, Antichrist*, *op. cit.*, p. 179.

5. *Ibid.*, p. 185.

n'étant jamais rien de plus que processus de luttes, de domination, en vue d'un accroissement perpétuel de puissance[1]. Pour mieux comprendre ceci, il faut s'intéresser aux exemples concrets que Nietzsche évoque à cet égard : si un même « événement » ou une même « expérience » peuvent donner lieu à des lectures ou interprétations diverses, c'est en effet que des instincts variables peuvent dominer, à des moments différents, en un même individu. Ainsi le fait que « quelqu'un se moque de nous au marché sur notre passage » peut tantôt nous apparaître comme indifférent, ou comme méritant de chercher querelle, voire comme réjouissant puisque nous avons su susciter l'hilarité d'autrui : c'est que « dans chaque cas un instinct trouvera satisfaction, qu'il s'agisse d'un instinct colérique, ou combatif, ou méditatif, ou bienveillant »[2]. L'expérience elle-même se transforme et devient tout autre en fonction du type d'instinct dominant qui l'informe, ce pourquoi Nietzsche peut dire qu'« expérimenter » est en quelque sorte toujours « imaginer »[3]. La variété et les variations de nos interprétations, de nos représentations, de nos imaginations, tiennent donc toujours à ce que la hiérarchie des instincts ou pulsions est elle-même toujours fluente et variable,

> cela provient de ce que le souffleur de cette raison était aujourd'hui un autre qu'hier – un autre instinct voulait se satisfaire, se manifester, s'exercer, se restaurer, s'épancher – il était précisément au plus fort de son flux, alors qu'hier c'était le tour d'un autre[4].

Ainsi la pensée logico-mathématique peut elle apparaître comme le symptôme de la domination d'un « instinct de peur », induisant le besoin de reconnaissance que nous avons évoqué auparavant, et la recherche d'une maîtrise de la réalité qui ne s'accomplit cependant que par le moyen de la simplification, de l'abolition des aspérités de cette dernière. Tout comme encore, par exemple, la volonté de

1. Cf. *A*, § 113, 199, 204 et 262, qui évoquent un « amour » et un « désir de puissance ».
2. *A*, § 119.
3. *Ibid.*
4. *Ibid.*

critiquer nos croyances antérieures peut être lue, non comme l'effet d'un progrès d'une pure rationalité, mais bien plutôt comme

> une preuve qu'existent en nous des forces vivantes qui font pression et sont en train de percer une écorce. Nous nions et devons nier parce que quelque chose en nous veut vivre et s'affirmer, quelque chose que nous ne connaissons peut-être pas encore, ne voyons pas encore ![1].

Le repérage de ces variations dans nos manières de penser ou d'interpréter le monde, comme aussi alors de vivre et d'agir, et leur interprétation en termes, psycho-physiologiques, de luttes pulsionnelles en vue d'un accroissement de puissance, est ce qui conduira enfin Nietzsche, à partir du *Gai Savoir*, à énoncer plus fermement sa thèse suivant laquelle « la véritable pulsion fondamentale de vie [...] tend à l'*expansion de puissance* », ou selon laquelle la « volonté de puissance » est « précisément la volonté de la vie »[2], les pulsions étant elles-mêmes pensées comme des êtres vivants qui cherchent à s'imposer les unes aux autres, qui se rendent en quelque manière « perceptibles les unes aux autres et se [font] mal les unes aux autres »[3]. La volonté de puissance, d'abord repérable au sein des phénomènes humains et de pensée, est alors également envisagée, suivant le *Versuch* qu'effectue le § 36 de *Par-delà Bien et Mal*, comme permettant de penser la réalité en tant que telle et en toutes ses dimensions, ainsi par exemple des « fonctions organiques » telles que « la génération et la nutrition »[4] : interpréter le monde, c'est selon Nietzsche trouver un moyen de se l'assimiler et tenter par là d'accroître sa puissance; mais le phénomène organique de nutrition, de digestion, à son tour, peut être également conçu comme moyen d'assimilation de l'autre et d'accroissement de soi. L'interprétation, pensée dans le contexte de l'hypothèse de la volonté de puissance, n'est plus seulement ni même d'abord, alors, une activité humaine et de pensée : la « réalité » n'est elle même qu'interprétations, processus interprétatifs résultant de luttes pulsionnelles, qui peuvent être décrits

1. *GS*, § 307.
2. *GS*, § 349.
3. *GS*, § 333.
4. *PBM*, § 36.

en termes de « volonté de puissance »; la formation d'un nouvel organe chez un être vivant est elle aussi « une interprétation » nouvelle, un nouveau moyen de se rapporter au monde et de le maîtriser, de s'assimiler des forces contraires pour mieux se surpasser[1], et il faut dire alors que le « *processus organique présuppose un perpétuel* INTERPRÉTER »[2].

Si cette « thèse » nietzschéenne, qui n'est elle aussi qu'une interprétation[3], peut être préférée à d'autres, c'est qu'elle demeure simplement immanente et permet de rendre compte, de façon à la fois cohérente et économique, de la réalité en toute sa diversité, c'est-à-dire aussi de toute la diversité des interprétations, sans jamais céder à la tentation de la simplicité et de la simplification absolues. Ce n'est également qu'en ce sens que Nietzsche peut caractériser la « volonté de puissance » comme « le fait ultime [...] auquel nous puissions parvenir »[4] : ce « fait » consiste à vrai dire en la reconnaissance qu'il n'est rien de plus que des interprétations, et en la capacité de les embrasser, les interpréter et les évaluer – ce « fait ultime » est donc pour Nietzsche le moyen de signifier, paradoxalement, *l'absence de tout fait* au sens traditionnel du terme.

À la question « *Qui* interprète ? », Nietzsche entend donc répondre enfin, non seulement : « nos affects », mais par là même aussi que « la volonté de puissance *interprète* »[5]. Interprétation radicalement nouvelle de la réalité tout entière, la « volonté de puissance » est aussi pensée comme la *source* de toute interprétation – et la réalité tout entière comme processus interprétatifs issus de la volonté de puissance. On aperçoit alors que la pensée de Nietzsche se caractérise essentiellement par une troublante *circularité*, circularité qui peut en outre être envisagée suivant un double point de vue : la thèse suivant

1. Nietzsche parlera en ce sens régulièrement d'un processus d'*Überwindung* ou de *Selbstüberwindung* (dépassement, dépassement de soi), caractéristique des formes les plus hautes de la volonté de puissance.

2. *FP* XII, 2 [148].

3. Cf. *PBM*, § 22 : « [...] À supposer que cela aussi ne soit que de l'interprétation – et vous mourez d'envie de faire cette objection ? – eh bien, tant mieux. – ».

4. *FP* XI, 40 [61] : « Nos pulsions sont réductibles à la volonté de puissance. / La volonté de puissance est le fait ultime, le terme dernier auquel nous puissions parvenir ».

5. *FP* XII, 2 [148].

laquelle la réalité n'est rien de plus que processus interprétatifs n'est elle-même rien de plus qu'une interprétation; si au sein de toute pensée ce sont toujours « nos affects » et « la volonté de puissance » qui interprètent, c'est également la « volonté de puissance » qui est à la source de cette interprétation nietzschéenne de la réalité en termes de volonté de puissance. Cette circularité toutefois n'est nullement synonyme d'une auto-contradiction : ce que Nietzsche entend montrer, c'est bien que nous n'avons accès à *rien de plus qu*'à une ou des « interprétation(s) du monde », et qu'en retour « le monde », « la réalité » ne sont rien de plus que les processus interprétatifs eux-mêmes – et que l'interprétation la plus probe est alors seulement celle qui est susceptible, et de reconnaître son propre statut interprétatif, et de rendre compte de la variété indéfinie des interprétations concurrentes. En d'autres termes, ainsi que l'écrit J. Granier : « la réalité est réalité interprétante et réalité interprétée », de sorte que la « pensée a la forme d'un cercle qui paraît se supprimer et cependant, s'engendre à nouveau »[1].

Cette circularité apparaît alors paradoxalement comme la condition même du caractère novateur ou créateur, et non point simplement réitératif, de la pensée de Nietzsche, puisqu'elle est ce qui lui permet de dépasser les dualismes traditionnels, celui de l'essence et de l'apparence, de la vérité et de la fausseté, ou bien encore celui du sujet et de l'objet, et de conduire à l'exigence d'une immanence radicale de la pensée philosophique, qui ne se meut jamais qu'au sein d'une multiplicité interprétative qu'elle ne saurait jamais dépasser vers un au-delà, un principe ou un fondement, de toute interprétation. Cette circularité n'est donc nullement synonyme d'une contradiction, mais au contraire le moyen d'un radical renouvellement des problématiques philosophiques, d'un dépassement des dogmatismes antérieurs et des manières anciennes de penser et de parler dans les « filets »[2] desquelles la pensée se trouvait prise depuis longtemps.

Bien loin alors de contribuer à nous enfermer dans la geôle d'un solipsisme et d'un scepticisme découlant de son « perspectivisme »,

1. J. Granier, *Le problème de la Vérité dans la philosophie de Nietzsche*, *op. cit.*, p. 324.

2. Cf. *FP CIn* I-II, 19 [135] : « Le philosophe pris dans les filets du *langage* ».

ainsi qu'on aurait pu le croire d'abord, la pensée de Nietzsche doit bien plutôt être aperçue comme une tentative pour élargir les possibilités et les perspectives de pensée (ce pourquoi le penseur devient dans le texte métaphorique de Nietzsche un « voyageur », un « conquérant », un « aventurier » explorant des espaces encore inconnus[1]), et pour réduire dans le même temps la fracture qui séparait indissolublement le « sujet » traditionnel de ses « objets » de connaissance ou de la « réalité », toujours posée comme extérieure à lui, transcendante, et ainsi bien souvent comme difficile si ce n'est impossible à connaître; tandis que l'on peut au contraire à bon droit affirmer en quelque manière, dans la perspective nietzschéenne qui n'a d'autre point de vue que celui, toujours multiple et variable, de l'interprétation, que :

> Nos pensées les plus hautes et les plus risquées sont des morceaux du caractère de la « réalité ». *Notre pensée est de la même étoffe que toutes choses*[2].

On voit pourquoi la question philosophique majeure, au sein de la pensée de Nietzsche, ne peut plus être celle de la « vérité » d'une pensée, c'est-à-dire de son adéquation à un objet, non plus d'ailleurs que celle de la relation d'un sujet au monde ou à « la » connaissance en tant que telle : seules demeurent la possibilité et l'exigence d'évaluer, de manière immanente et en termes de degré de puissance et d'accroissement de puissance, des perspectives et des interprétations multiples. Si tout homme interprète, il revient au philosophe d'être, non plus comme le voulait la tradition celui qui surpasse toute interprétation singulière, mais celui qui – accomplissant par là une tâche à la fois plus modeste et plus grave – interroge et évalue ces interprétations, c'est-à-dire met en question la valeur de ces valeurs – le dépassement d'une interprétation ou d'une image données ne pouvant renvoyer ou conduire à *rien de plus qu'*à une autre interprétation ou en d'autres termes à une « nouvelle image du monde »[3], à la fois plus probe, plus

1. Ces métaphores sont particulièrement présentes dans les textes d'*Aurore* et du *Gai Savoir*.

2. *FP GS*, 12 [11]. Nous soulignons.

3. *FP CIn* III-IV, 6 [37] : « Le philosophe veut substituer à *l'image populaire du monde* une image *nouvelle* ».

fine et plus puissante, mais non point plus « vraie », que celles qui l'on précédée.

La « connaissance », si l'on veut continuer d'user de ce terme – ainsi que le fait régulièrement Nietzsche lui-même – implique alors deux exigences surtout : il s'agit d'abord, reconnaissant la possibilité d'un nombre indéfini d'interprétations, d'avoir le courage et la force de prendre d'abord en compte cette diversité au lieu de la nier. Nietzsche dira en ce sens, en des formules paradoxales, que « voir les choses telles qu'elles sont » signifie « pouvoir les observer avec mille regards »[1], ou « avec de multiples yeux »[2], faisant aussi par là même de la diversité interprétative la condition d'une possible « objectivité », entendue en un sens nouveau[3]. Mais il s'agit aussi ensuite de prendre en compte la question de la valeur des interprétations, de pouvoir en effet les évaluer et les hiérarchiser, et ce en vue de créer peut-être une interprétation nouvelle, et qui puisse enfin être dite « plus puissante » que les autres, au double sens du terme : non seulement en ce qu'elle rendra compte de façon cohérente d'apparences variées et complexes, sans les sacrifier à un besoin absolu d'unité et de simplicité, se faisant ainsi symptôme d'un haut degré de puissance et de maîtrise ; mais aussi en ce qu'elle pourra contribuer, dans la mesure où elle pourra leur être imposée, à élever (*züchten*) les hommes qui peuvent l'être et ainsi à accroître leur force[4].

Le « *nouvel "infini"* » – l'infini *interprétatif* –, que nous convie à penser Nietzsche, s'il doit nécessairement faire éprouver un « grand frisson » de terreur face à la perte de tout repère fixe, absolu, joue en ce sens à l'égard du lecteur le rôle d'un critère de discrimination. Si en effet tel lecteur cèdera sans doute à la tentation de n'y voir qu'une occasion de désespérer de toute pensée et ainsi de renoncer à toute « connaissance », d'autres en tireront peut-être des conséquences tout autres, ainsi que le souhaite Nietzsche, y apercevant la condition

1. *FP GS*, 11 [65].
2. *GS*, § 374.
3. *GM*, III, § 24.
4. Sur le problème de la *Züchtung* en vue de la création d'un « type relativement surhumain », nous renvoyons de nouveau à l'étude de P. Wotling, *Nietzsche et le problème de la civilisation*, *op. cit.*, III, 2 et V, 2.

d'une « nouvelle aurore », l'ouverture d'un « horizon » enfin « redevenu libre »[1]. En nous offrant la possibilité de n'avoir à céder, ni à la croyance dogmatique en « une » connaissance ou vérité absolues, ni à son autre, le relativisme sceptique, la notion nietzschéenne d'interprétation permet d'esquisser en effet l'image d'un type de savoir radicalement nouveau, un « gai savoir » qui suppose la force d'accepter que la connaissance ne soit plus « un lit offrant le repos », mais un monde multiple et fluent « de dangers et de victoires ». Il doit revenir en effet aux hommes les plus puissants de « porter l'héroïsme au sein de la connaissance et » de mener « *des guerres* pour les pensées et leurs conséquences »[2] : c'est-à-dire de ne plus seulement répéter ou se soumettre aux schèmes de pensée anciens, mais de les interroger pour mieux créer des interprétations, des valeurs, et par là même un « monde » nouveaux.

Céline DENAT

1. *GS*, § 343.
2. *GS*, § 283.

FREUD INTERPRÈTE
LOGIQUE D'UNE EXPANSION

INTRODUCTION

On a souvent remarqué, à juste titre, que l'interprétation était au cœur de la démarche freudienne : nul n'ignore que le maître ouvrage du fondateur de la psychanalyse, la *Traumdeutung* [1], développe avant tout une technique originale d'interprétation des rêves qui s'inscrira progressivement dans un projet plus général de lecture du sens caché des phénomènes humains. Cette caractéristique, on le sait, distingue la psychanalyse d'autres formes de psychologie, axées sur l'observation du comportement et le recours à des méthodes expérimentales et statistiques. Toutefois, ce constat simple dissimule une difficulté centrale qui peut être résumée de la façon suivante.

L'originalité de l'interprétation freudienne est liée à la technique bien particulière qu'elle met en œuvre, la célèbre méthode des « associations libres ». Ce procédé, dans la mesure où il s'appuie sur les idées spontanées de l'analysé et requiert un travail psychique de sa part, n'est pas applicable universellement, puisqu'il présuppose la présence en personne de l'intéressé dans le contexte bien défini de la cure. Or le propre de l'investigation psychanalytique est de s'être étendue au-delà de son domaine de définition initial, pour prendre les proportions d'une psychologie générale et collective susceptible de dire son mot sur les créations littéraires, mais aussi sur les données de l'anthropologie, de la mythologie et de l'histoire des religions. D'un

1. S. Freud, *L'interprétation des rêves*, Paris, PUF, 1971, trad. fr. I. Meyerson revue et corrigée par D. Berger.

côté, ces incursions dans de nouvelles contrées reposaient sur des analogies crédibles entre phénomènes psychopathologiques et faits de culture; mais de l'autre, le matériel réuni pour asseoir les interprétations n'était évidemment plus du même ordre, car ni Léonard de Vinci, ni les membres des tribus totémiques d'Australie ne pouvaient être allongés sur un divan. Dès lors, le risque encouru était double : premièrement, danger d'arrimer l'analyse à des données incertaines établies par d'autres, difficilement critiquables par un profane et sujettes à révision; deuxièmement et plus fondamentalement, danger de tomber dans les facilités d'une « lecture à livre ouvert »[1] qui ne pouvait plus se réclamer du support du *freier Einfall* et devait donc rester suspendue à l'ingéniosité toujours contingente de l'interprète.

En dépit de ce double péril qui a suscité des critiques nombreuses et souvent justifiées de la démarche freudienne, il est important de rappeler d'entrée que l'extension de l'investigation psychanalytique du champ étroit de la cure au champ large de la culture n'a en tout cas pas été gratuite, et qu'elle attestait moins, de la part de Freud, un désir mesquin de « traîner le sublime dans la poussière », qu'une volonté de démontrer sur un terrain ample, et pour une fois offert à tous les yeux, la validité très générale des thèses élaborées *sur des exemples isolés, dans le secret invérifiable du cabinet.* À n'en pas douter, il lui fallut pour cela altérer sa méthode, opérer le passage controversé d'une interprétation *stricto sensu* comme travail psychique mobilisant les associations individualisées d'un sujet, à une interprétation *lato sensu* comme lecture symptomale universelle des productions humaines. Mais nous tâcherons de montrer dans ce travail, conformément à la leçon de l'historien Carlo Ginzburg[2], qu'un noyau méthodologique de l'entreprise s'est néanmoins conservé tout au long de ce périple, plus consistant que la simple reconduction de contenus manifestes à

1. L'expression est de J. Laplanche. Voir à ce sujet deux excellents articles sur le problème de l'interprétation en psychanalyse, dans *La révolution copernicienne inachevée, Travaux 1967-1992*, Paris, Aubier, 1992 : « Interpréter [avec] Freud », p. 21-36, et « L'interprétation entre déterminisme et herméneutique, une nouvelle position de la question », p. 385-415.

2. Nous nous référerons tout particulièrement à « Morelli, Freud and Sherlock Holmes : Clues and Scientific Method », *History Workshop Journal* 9, 1980, p. 5-36.

des contenus latents : celui d'une *sémiotique de l'indice* attentive à la singularité des détails même les plus anodins, parce qu'elle y lit la trace d'une déformation qui a toujours déjà truqué l'*interpretandum* lorsque l'interprétation s'en saisit. Ce paradigme épistémologique permet à notre avis de maintenir une distinction de principe entre la psychothérapie analytique d'un côté et la psychanalyse « appliquée » de l'autre, sans pour autant rompre toute connexion théorique entre ces deux versants de la démarche freudienne.

Dans cet article, nous nous efforcerons successivement de mettre en place la doctrine de l'interprétation psychanalytique telle qu'elle s'énonce dans la *Traumdeutung* et s'affine dans *Fragment d'une analyse d'hystérie*, de suivre le mouvement d'extension de cette méthode d'abord à la vie quotidienne puis aux faits de culture, et de préciser pour conclure la distinction entre le sens strict et le sens large de la *Deutung* en insistant sur leur différence de statut épistémique.

LA DOCTRINE DE L'INTERPRÉTATION *STRICTO SENSU* NÉE DE LA *TRAUMDEUTUNG*

La technique des associations libres

Le point de départ dans le non-sens

Un effort d'interprétation est indéniablement bienvenu lorsqu'un propos, un texte, une conduite ou un objet présentent manifestement un sens, linguistique ou pratique, de telle manière que celui-ci n'est pourtant pas immédiatement évident – par exemple parce qu'il est ambigu. Or les premiers *interpretanda* psychanalytiques que furent le rêve et le symptôme hystérique n'obéissaient guère à ce schéma, dans la mesure où leur appartenance au régime du langage n'allait absolument pas de soi, et où tout indiquait qu'ils n'avaient pas été voulus au sens ordinaire du terme. On peut dire qu'une des principales motivations qui conduisit Freud, au terme d'une évolution méthodique dont les points de passage furent l'électrothérapie de Erb, la suggestion de l'école de Nancy et la méthode cathartique de Breuer, à mettre au point sa célèbre technique des associations libres, fut justement de débusquer une signification là où, au premier abord, la question du sens ne se posait même pas.

Mais pourquoi chercher à interpréter des phénomènes dont rien ne prouve qu'ils aient un statut langagier ou même intentionnel ? Y a-t-il là un présupposé analogue à celui de l'oniromancie antique, qui appuyait sa pratique de déchiffrement au moyen de « clés des songes » sur la croyance en une valeur prophétique des rêves ? À cette question il faut répondre par la négative. En dépit des analogies que Freud a lui-même indiquées entre l'interprétation psychanalytique des rêves et la méthode de traduction élément par élément à laquelle Artémidore de Daldis a attaché son nom, il reste que l'adoption de la technique des associations libres se comprend dans le cadre des expériences thérapeutiques conduites avec Breuer sur des malades hystériques, bien plutôt que comme un aboutissement de la longue histoire des théories du rêve[1]. Ces expériences avaient montré, à la grande surprise de Freud et Breuer, que des événements psychiques traumatiques refoulés par les sujets de leur mémoire consciente pouvaient continuer à agir sur eux des années, voire des décennies plus tard, l'oubli apparaissant plutôt comme une conquête de la psychothérapie que comme un processus spontané produit par l'usure du temps. Accéder à ces traces mnésiques opérantes n'était cependant pas chose aisée, car une résistance psychique opiniâtre s'y opposait dans l'esprit du patient, que le recours à l'hypnose ne permettait de lever qu'en apparence. Freud acquit bientôt la conviction que la mémoire des malades hystériques s'ordonnait comme une cible dont le centre coïncidait avec le noyau du traumatisme psychique, le reste des souvenirs se disposant en cercles concentriques suivant le degré de résistance que comportait leur remémoration[2]. Tout l'enjeu était de passer de cercle extérieur en cercle intérieur pour arriver au centre et permettre une *évocation du trauma*, dont on avait constaté, ou cru constater, qu'elle suffisait à une

1. Sur ce point, nous renvoyons au début du chapitre 2 de la *Traumdeutung*.

2. *Cf.* S. Freud, J. Breuer, *Études sur l'hystérie*, trad. fr. A. Berman, Paris, PUF, 1956, chap. 4, p. 233-234. Nous simplifions quelque peu la théorie de l'archivage mnésique présentée par Freud dans ces pages.

guérison partielle[1]. Mais dans cette perspective, le malade ne pouvait offrir qu'une collaboration limitée, car il ne se souvenait pas à proprement parler de ce que le médecin s'efforçait de soustraire au refoulement. Dès lors, comment procéder ?

La règle fondamentale

Sans doute, le patient ignore l'origine de ses symptômes ou de son rêve. Mais il lui vient malgré tout des idées à ce sujet. On demandera : pourquoi seraient-ce justement les bonnes ? La question est mal posée, car ce qui intéresse Freud n'est pas la qualité ou la pertinence des associations du malade ; l'important est seulement que ces associations soient *causées* par ce dont il est question dans le dialogue avec l'analyste. En effet, dans la mesure où l'analogie entre rêve et hystérie[2], qui est au principe de la systématisation de la technique du *freier Einfall* au cours des années 1890, repose avant tout sur le caractère involontaire et pour ainsi dire mécanique de ces deux phénomènes psychiques, il est naturel d'espérer une élucidation du non-voulu par le non-voulu qui doit conduire à faire abstraction de l'apparence sensée ou absurde des représentations communiquées. On le voit, la méthode interprétative de Freud s'adosse à une *Weltanschauung* déterministe aux yeux de laquelle il n'y a pas d'idées fortuites. Lorsqu'on lui objecte qu'une autre idée aurait tout aussi bien pu se présenter à l'esprit du patient, il rétorque, comme dans la troisième des *Vorlesungen zur Einführung in die Psychoanalyse* : « Je trouve vraiment étonnant le peu de respect que vous avez au fond pour les faits psychiques »[3]. Et en effet, pourquoi cette perpétuelle invocation du hasard et de la contingence lorsqu'il s'agit des phénomènes humains ? Le chimiste qui entreprend l'analyse d'une substance, nous dit Freud, tire des conclusions définies d'un résultat expérimental déterminé, sans prétendre que ce résultat « aurait pu » être tout autre. Il n'y a pas

1. Le fondement de la fameuse méthode cathartique réside dans ce mécanisme d'« abréaction ».

2. « Rêve et hystérie » est le premier titre que Freud envisageait pour le compte-rendu de l'analyse de Dora, sur lequel nous reviendrons.

3. *Cf.* S. Freud, *Introduction à la psychanalyse*, trad. fr. S. Jankélévitch, Paris, Payot, 2001, p. 49.

a priori de raison valable pour accorder aux faits psychiques un traitement différent.

Mais s'il n'y a pas de raison probante de dédaigner les faits psychiques, il y a bien une explication à notre propension à le faire : c'est l'épreuve que nous faisons quotidiennement de notre capacité d'élimination critique, de « censure » des idées qui surgissent dans notre conscience – au motif qu'elles seraient inutiles, inadéquates, parfois même honteuses. Une représentation une fois apparue doit encore être acceptée, et c'est pourquoi nous la regardons plutôt comme une possibilité que comme une donnée. D'où la nécessité de formuler la fameuse *règle fondamentale* de la psychanalyse :

> Le patient est obligé de nous révéler non seulement ce qu'il raconte intentionnellement et de bon gré, ce qui le soulage comme une confession, mais encore tout ce que lui livre son introspection, tout ce qui lui vient à l'esprit, même si cela lui est *désagréable* à dire, même si cela lui semble *inutile*, voire *absurde* [1].

Cette nécessité est d'autant plus pressante que le sujet ne se contente pas, en général, de censurer ses représentations : il cherche également à en atténuer la bizarrerie par des adjonctions et des retouches, processus que Freud baptise *élaboration secondaire* et présente expressément comme *une première interprétation du matériel*, opérée spontanément et souvent à son insu par l'analysé [2]. Une telle proto-interprétation visant à restaurer la cohérence là où elle fait défaut peut pousser la déformation assez loin, et Freud la compare à l'attitude comique de deux provinciaux qui, ayant assisté à une séance du parlement français interrompue par l'explosion d'une bombe anarchiste, s'étaient persuadés qu'il s'agissait d'une détonation usuelle pour saluer les discours réussis [3].

Renonçons donc non seulement à l'auto-critique, mais également à la rationalité forcée, et voyons si nos idées les moins contrôlées ont ou non quelque chose à nous apprendre.

1. *Cf.* S. Freud, *Abrégé de psychanalyse*, trad. fr. A. Berman revue par J. Laplanche, Paris, PUF, 2001, p. 42.

2. Cf. *L'interprétation des rêves*, *op. cit.*, chap. 6, section IX, p. 416 *sq.* C'est E. Jones qui mettra à l'honneur le terme de rationalisation en 1908.

3. *Ibid.*, p. 426.

Un exemple d'application du procédé : le premier rêve de Dora

Considérons à présent un exemple d'analyse célèbre, celui du « rêve d'incendie » d'Ida Bauer, plus connue sous le pseudonyme de Dora. Nous en restituerons l'analyse en deux temps, de façon à bien faire sentir la dénivellation psychique entre surface préconsciente et profondeur inconsciente.

Récit et analyse superficielle

Il s'agit d'un rêve à répétition d'une jeune fille de dix-huit ans, fait pour la première fois quelques années auparavant lors d'un séjour au bord du lac de L… (sans doute le lac de Garde) chez des amis de ses parents, M. et Mme K…, alias Hans et Peppina Zellenka. Dora-Ida, donc, était courtisée avec assiduité par M. K.-Zellenka, tandis que son père Philipp Bauer, en compagnie duquel elle avait fait le voyage, entretenait une liaison secrète avec Mme K.-Zellenka. Ces indications préliminaires fournies, venons-en au récit de rêve (c'est Dora qui parle) :

> Il y a un incendie dans une maison. Mon père est debout devant mon lit et me réveille. Je m'habille vite. Maman veut encore sauver sa boîte à bijoux, mais papa dit : « Je ne veux pas que mes deux enfants et moi soyons carbonisés à cause de ta boîte à bijoux ». Nous descendons en hâte, et aussitôt dehors, je me réveille [1].

Les libres associations de Dora nous permettent-elles d'y voir un peu plus clair ? Incontestablement. Au cours du séjour chez les K…, Dora avait fait une excursion au bord du lac de L… avec M. K…, dont ce dernier avait profité pour lui faire une déclaration. La jeune fille, qui éprouvait peut-être une inclination pour lui, avait cependant giflé son admirateur et cherché par la suite à l'éviter, craignant non sans raison de devenir un objet d'échange entre lui et son père. Comme M. K… se permettait les jours suivants d'entrer dans la chambre de Dora sans frapper afin de la surprendre à sa toilette, elle décida tout d'abord de ne pas passer trop de temps à s'habiller (*i.e.* de *s'habiller vite*), puis dans un second temps de *quitter la maison* des K… Mais

1. *Cf.* S. Freud, *Cinq psychanalyses*, trad. fr. M. Bonaparte et R.M. Loewenstein, Paris, PUF, 1954, p. 46.

qu'en est-il de l'incendie? Bien que la saison fût orageuse, les K… avaient négligé d'équiper leur maison d'un paratonnerre; le père de Dora les avait donc mis en garde contre le danger d'incendie. D'autre part, Dora reprochait à son père de fermer les yeux sur les entreprises de M. K… à son égard pour pouvoir continuer à fréquenter Mme K… Or le rêve montre précisément le contraire : c'est le père de Dora qui la sauve du danger (*l'incendie*) qui la menace dans la maison où elle dort.

Interrompons provisoirement l'analyse pour en tirer les premiers enseignements.

Contenu manifeste et contenu latent

Il est clair que de nombreux éléments évoqués par Dora dans ses associations contribuent à éclairer le rêve sans y figurer explicitement. Ce fait est d'autant plus surprenant que le rêve manifeste déploie un scénario d'une cohérence irréprochable, dont on ne soupçonnerait pas, à première vue, que ses péripéties puissent chaque fois renvoyer à des événements réels du passé de la rêveuse. Ainsi, la phrase «je m'habille vite» apparaît à l'analyse comme une allusion aux poursuites de M. K…; pourtant, M. K… lui-même ne monte à aucun moment sur la scène onirique, et l'incendie semble fournir une justification indépendante tout à fait adéquate de la précipitation de Dora. Tout se passe comme si le rêve était tissé d'arrière-pensées, de *pensées latentes* dont son contenu émane, mais qu'il a si bien réélaborées que le rêveur lui-même ne les y reconnaît pas d'emblée. L'*élaboration secondaire* dont nous parlions tout à l'heure est le premier facteur de déformation qui rend raison de ce phénomène.

Mais elle n'est évidemment pas le seul. Bien que notre analyse soit encore largement incomplète, il est aisé de constater que certains éléments du contenu manifeste font signe vers plusieurs pensées latentes : l'incendie, par exemple, évoque tout à la fois l'avertissement adressé par le père de Dora aux K…, et les irruptions de M. K… dans la chambre de Dora (l'une d'entre elles avait justement réveillé la jeune fille assoupie dans une chaise longue[1], ce qui rappelle immanquablement l'intervention du père dans le rêve). Puisque « le rêve est bref,

1. *Cf.* S. Freud, *Cinq psychanalyses*, *op. cit.*, p. 48.

pauvre, laconique, comparé à l'ampleur et à la richesse des pensées du rêve », on est en droit d'affirmer qu'« il y a eu là un énorme *travail de condensation* »[1]. Cette condensation s'accompagne d'ailleurs d'un *déplacement de l'accentuation psychique*, car il y a fort à parier que Dora était beaucoup moins alarmée par le risque d'incendie relevé par son père que par les entreprises de plus en plus audacieuses de M. K… à son égard. Pourtant, c'est le premier qui figure dans le rêve, et les secondes qui sont rejetées dans les pensées latentes.

Résumons l'acquis : la condensation et le déplacement, dont la conjonction forme le noyau de ce que Freud baptise *travail du rêve*, sont « les deux grandes opérations auxquelles nous devons essentiellement la forme de nos rêves »[2].

Sous le déguisement, l'accomplissement de désir

Nous pouvons cependant pousser l'interprétation un peu plus loin, car une grille de lecture a commencé de se dessiner. Dora reproche à son père de l'exposer au danger de séduction incarné par M. K…, et cependant le rêve semble défendre le point de vue inverse, celui d'un père protecteur qui sauve son enfant des périls. Autrement dit, *le rêve accomplit un désir*. Il y a là l'annonce d'un paradigme herméneutique qui s'avérera d'une importance décisive pour la démarche de Freud, en l'acheminant vers la prise en compte du transfert, et en lui permettant de conquérir de nouveaux objets dans le domaine de la psychologie individuelle. Arrêtons-nous un moment sur ce point, car il est plus délicat qu'il n'y paraît.

Chacun sait que la *Deutung* freudienne, selon l'expression très juste de J. Laplanche et J.-B. Pontalis dans leur *Vocabulaire de la psychanalyse*, « vise en dernier ressort le désir qui se formule dans toute production de l'inconscient »[3]. Mais la technique des asso-

1. *Cf.* S. Freud, *L'interprétation des rêves*, *op. cit.*, p. 242.

2. *Cf.* S. Freud, *L'interprétation des rêves*, *op. cit.*, p. 266. Bien entendu, les lectures herméneutiques de la psychanalyse dénoncent le réalisme implicite de ce genre de formules, en objectant que le travail du rêve est *construit* comme son vis-à-vis par un travail d'interprétation, et qu'à ce titre toute naturalisation de la déformation onirique doit au minimum être regardée avec méfiance.

3. *Cf.* J. Laplanche et J.-B. Pontalis, *Vocabulaire de la psychanalyse*, Paris, PUF, 1978, p. 206.

ciations libres ayant d'ores et déjà permis de débusquer un désir à l'origine du rêve, on pourrait être tenté de croire que l'interprétation est achevée. Or il n'en est rien, car nous ne sommes jusqu'ici parvenus selon Freud qu'à une couche d'idées *préconscientes*, qui certes n'étaient pas encore venues à la connaissance de Dora, mais qui lui demeuraient accessibles en principe par le biais d'une simple introspection. On le voit, le mot inconscient est susceptible de revêtir des acceptions bien distinctes entre lesquelles Freud a tracé une ligne de démarcation topique dès le chapitre VII de la *Traumdeutung*. L'inconscient proprement dit, celui que Freud qualifie de dynamique, n'est pas identique au préconscient dont il a été séparé dès son institution par le mécanisme du refoulement[1]. Depuis que ce processus de refoulement originaire (*Urverdrängung*) a eu lieu, une censure contrôle le passage des contenus mentaux d'une instance à l'autre, et rend possible tous les rejets ultérieurs (*Nachdrängen*). Le travail du rêve est au service de cette censure, il permet à des « rejetons » de l'inconscient de percer jusqu'à la conscience moyennant une *formation de compromis* préalable. Mais comme l'*Urverdrängung* s'est produite dans l'enfance, elle a beaucoup à voir avec la fixation du psychisme à un stade précoce de son évolution libidinale. C'est ce qui explique que les désirs inconscients auxquels Freud s'intéresse soient en réalité des motions pulsionnelles *infantiles*, profondément enfouies dans les couches archaïques du psychisme[2]. De telles motions, si elles peuvent éventuellement se greffer sur nos aspirations préconscientes, ne s'y réduisent jamais, et les vécus conscients du sujet n'en retiennent que de faibles traces.

La régression

Munis de ces indications, revenons à Dora. La percée vers son inconscient n'est pas encore achevée : il y manque précisément

1. *Cf.* J. Laplanche et J.-B. Pontalis, *Vocabulaire de la psychanalyse*, *op. cit.*, p. 197.

2. Freud a très tôt compris la nécessité de se référer au passé pour élucider les dispositions psychiques présentes de ses patients, bien que les modalités de ce retour en arrière aient connu un important bouleversement en 1897, avec l'abandon (en réalité relatif) de la *neurotica*, première doctrine freudienne de l'étiologie des névroses, qui mettait l'accent sur le traumatisme infantile lié à un épisode de séduction précoce par l'adulte.

l'essentiel, à savoir le mouvement de *régression* du psychisme vers les impressions et fantasmes de l'enfance. Or justement, nous avons omis de mentionner (p. 123) la toute première association de Dora au sujet de son rêve : une dispute récente entre ses parents à propos de la chambre de son frère qui n'a pas de sortie spéciale, alors qu'*on peut avoir besoin de sortir la nuit*[1]. C'est en effet une éventualité, mais pour quel motif ? Dora évoque, comme son père lorsqu'ils séjournaient chez les K…, le danger d'incendie. Toutefois, demande Freud, ne peut-on pas aussi bien songer aux besoins corporels ? Dans le rêve, la menace qui pèse sur Dora pèse aussi sur son frère, alors qu'il n'était pas présent lors du voyage à L… Quelle peur Dora et son frère pouvaient-ils partager, impliquant le besoin de sortir la nuit et la désapprobation paternelle ? (« je ne veux pas que mes enfants… », etc.) Vraisemblablement la peur de mouiller leur lit. L'image du feu se substitue dans le rêve à celle de l'humidité, conformément au principe de l'association par contraste établi par Frédéric Paulhan. Et la suite de l'anamnèse de Dora permet effectivement, si l'on en croit Freud, d'établir que son frère et elle souffrirent d'énurésie tardive, au point qu'un médecin fut consulté.

Quel rapport, objectera-t-on, entre l'énurésie infantile de Dora et les assiduités de M. K… ? L'énurésie, explique Freud, est pour l'enfant une forme de satisfaction érotique[2]. Or la menace représentée par M. K… est incontestablement sexuelle, ce qu'atteste du reste le symbolisme relativement transparent de la *boîte à bijoux* que la mère de Dora s'efforce, dans le rêve, de sauver, puisqu'on sait qu'en allemand, *Schmuckkästchen* est une expression argotique pour désigner les organes génitaux féminins. Cette évidence symbolique ne règle d'ailleurs pas tous les problèmes, et il faudrait signaler ici, plus patiemment que nous ne pouvons le faire, une bifurcation entre deux voies interprétatives également concevables : l'une, confiante dans l'universalité des symboles et dans leur statut de « signes sténogra-

1. *Cf.* S. Freud, *Cinq psychanalyses*, *op. cit.*, p. 47.

2. *Cf.* S. Freud, *Cinq psychanalyses*, *op. cit.*, p. 54 : « Cette incontinence n'a, à ce que je crois, aucune cause plus vraisemblable que la masturbation ». Voir également à ce propos les analyses plus élaborées de F. Dolto, *Psychanalyse et pédiatrie*, Paris, Seuil, 1971, p. 125-130.

phiques pourvus une fois pour toutes d'une signification précise »[1], se détournerait des associations de la rêveuse supposées muettes sur le sujet[2], pour s'en remettre à une nouvelle clé des songes; l'autre, plus prudente et attentive aux instanciations individuelles des emblèmes culturels, attendrait la réponse de l'analysée pour se faire une opinion définitive. Entre ces deux voies Freud lui-même a pu balancer, tantôt bien près de valider les vues du symbolomancien Wilhelm Stekel[3], tantôt, comme dans l'analyse de Dora, plus soucieux de montrer que ses patients n'étaient pas dupes de leurs symboles.

Mais revenons à l'énurésie. Lorsqu'ils sont confrontés à ce problème, il est fréquent, sinon efficace, que les parents réveillent les enfants pour éviter les « accidents »; c'est probablement la conduite que le père de Dora avait autrefois adoptée vis-à-vis de l'incontinence nocturne de sa fille. Le noyau de sens du rêve peut donc s'exprimer ainsi : « La tentation est si grande. Cher papa, protège-moi encore, comme au temps de mon enfance, pour que mon lit ne soit pas mouillé ! »[4].

L'interprétation peut dès lors être considérée comme complète. La lecture freudienne fait apparaître le rêve de Dora comme une satisfaction déguisée du désir de résister à M. Zellenka. La tentation incarnée par ce dernier présente toutes les caractéristiques du *Wunsch* psychanalytique : il s'agit d'un désir sexuel refoulé qui a capté la *libido* infantile du sujet et réveillé par là le sentiment de culpabilité attaché aux premières expériences érotiques. À l'état de veille, le surgissement d'un tel désir aurait nécessité un refoulement abrupt, mais le sommeil aidant, la censure a relâché sa garde et permis au désir inconscient de se frayer un chemin jusqu'à l'hallucination onirique, moyennant quelques déformations destinées à ménager le désir de dormir de la rêveuse. Le rêve apparaît donc comme une formation de compromis entre les exigences contradictoires du désir et de la censure. Le but de l'analyse *en tant que méthode d'investigation* sera dès lors, en

1. *Cf.* S. Freud, *L'interprétation des rêves*, *op. cit.*, p. 301.

2. Voir la définition du symbole proposée dans la dixième des *Vorlesungen zur Einführung in die Psychoanalyse*.

3. *Cf.* S. Freud, *L'interprétation des rêves*, *op. cit.*, p. 301.

4. *Cf.* S. Freud, *Cinq psychanalyses*, *op. cit.*, p. 53 (note de bas de page).

surmontant les déformations, d'identifier les motions pulsionnelles inconscientes qui sont entrées dans le compromis du rêve.

Interprétation du transfert et actualisation

L'analyse ne se réduit toutefois en aucun cas à une méthode d'investigation, et en claquant la porte au nez de Freud peu après l'interprétation d'un second rêve, Dora le lui fit suffisamment sentir. À quelque chose malheur est bon : cet épisode fit comprendre à Freud que le rêve de l'incendie, réactivé par Dora des années après le séjour au lac de L..., s'était trouvé investi d'une signification transférentielle inédite. Ce n'était plus la maison des K..., c'était la cure elle-même que Dora se proposait cette fois de fuir, preuve qu'elle identifiait désormais Freud à M. K... [1], et signe annonciateur de ce qu'elle allait s'opposer à lui en abandonnant le traitement. Une même attitude infantile s'était transférée du père vers M. K..., puis de M. K... vers Freud, déplacement rendant possible une *mise en acte* qui se substituait à la remémoration souhaitée par le psychanalyste. Tirant les leçons de cet échec, ou croyant les tirer [2], Freud unifie sa théorie de l'interprétation psychopathologique autour de la notion de transfert : de même que le rêve est le produit d'un transfert d'intensité du désir inconscient vers des représentations préconscientes, de même le comportement du névrosé dans la cure résulte d'un transfert sur la personne de son analyste d'attitudes archaïques cristallisées de longue date, *et c'est cette actualisation que l'analyste doit se soucier en premier lieu d'interpréter*, s'il ne veut pas voir son patient prendre la fuite à l'instar de Dora.

L'invention du concept de transfert, notons-le, induira un remodelage significatif de la technique psychanalytique, dans lequel il faut voir, plutôt qu'un renoncement à l'interprétation, une translation

1. D'ailleurs sans doute à juste titre, ainsi que l'a suggéré P. Mahony, *Dora s'en va : violence dans la psychanalyse*, Paris, Les empêcheurs de penser en rond, 2001.

2. Freud se comporte en effet dans toute cette affaire comme si le comportement de Dora était évidemment pathologique, alors qu'on ne voit pas bien pourquoi une jeune fille victime d'une agression sexuelle à l'âge de 13 ans devrait réagir autrement, et accepter de se plier aux suggestions supposées raisonnables de son père et de son analyste.

de son objet : au lieu de s'efforcer simplement de « deviner, d'après les associations libres du patient, ce dont il n'arrivait pas à se souvenir »[1], Freud comprend l'utilité d'« appliquer son art d'interpréter principalement à reconnaître les résistances qui surgissent et à les faire connaître au malade »[2], et surtout, il s'ouvre à l'idée – fondamentale pour la genèse de la théorie de la compulsion de répétition qui voit le jour dans *Au-delà du principe de plaisir* en 1920 – que la remémoration visée par l'analyste peut parfois être remplacée, du côté du patient, par un acte qui répète ce dont il est question au lieu de l'évoquer. Cette évolution méthodique ne marque d'ailleurs aucun reniement de la « règle fondamentale », qui sera réaffirmée jusque dans l'*Abrégé de psychanalyse*.

Le sens strict de l'interprétation psychanalytique, dont nous parlions en introduction, est celui qui marie technique des associations libres et détection du transfert. Il n'est pas exagéré de dire que l'expansion de la démarche freudienne au-delà de l'espace de la cure est l'histoire d'un relâchement de ce sens strict qui visait pourtant à en confirmer la spécificité : parce que les enseignements du cabinet étaient contestés par ses collègues, sans que la nécessité du secret médical lui permette de se soumettre à l'impératif scientifique de reproductibilité des données, Freud décide d'étendre son entreprise au domaine public : d'abord à la vie quotidienne, puis à l'ensemble de la culture humaine. Suivons donc en deux temps le mouvement de cette extension.

Première extension du champ d'application de l'interprétation : la vie quotidienne

Ainsi que nous l'annoncions[3], l'extension de l'interprétation psychanalytique au domaine de la psychologie ordinaire prend la forme d'une diffusion du paradigme de la réalisation de désir. Il convient ici, conformément à un conseil exégétique de Laurence Kahn, de rapprocher les deux livres que Freud écrit dans les cinq

1. *Cf.* S. Freud, « Remémoration, répétition, perlaboration » (1914), dans *La technique psychanalytique*, p. 105.
2. *Ibid.*, p. 106.
3. Cf. *supra*, p. 125.

années qui suivent la publication de la *Traumdeutung* : *La psychopathologie de la vie quotidienne* et *Le mot d'esprit et sa relation à l'inconscient*. En effet, d'un point de vue formel, « l'un et l'autre décrivent, avec le plus grand soin, des faits psychiques banals » [1], et au plan du contenu, « tous deux élucident la détermination de ces actes familiers par l'influence, perturbatrice ou créatrice, d'aspirations ignorées de nous-mêmes » [2]. Qu'il s'agisse de souvenirs-écrans ou de lapsus, de mots d'esprit ou d'oublis de projets, l'enjeu est donc bien d'interpréter des actes apparemment fortuits ou anodins en les rapportant à des désirs déformés, cette déformation s'opérant chaque fois selon les mêmes mécanismes rencontrés plus haut dans le travail du rêve : condensation, déplacement, figuration indirecte [3]. Pour l'heure, l'approche de ces nouveaux objets n'incite pas Freud à modifier sa technique interprétative, qui demeure solidement ancrée dans les libres associations de l'intéressé, ainsi que l'atteste par exemple l'analyse de l'oubli du mot *aliquis* au chapitre 2 de la *Psychopathologie de la vie quotidienne*.

Toutefois, bien que l'annexion de cette nouvelle province qu'est la vie quotidienne laisse la technique psychanalytique en droit inchangée, une première inflexion s'atteste néanmoins de fait : *l'intéressé n'est plus nécessairement présent en personne*. On accepte de considérer comme une *Wunscherfüllung* transparente tel acte manqué qui nous a simplement été rapporté par un tiers, ou même par la presse (comme ce lapsus d'un président de chambre qui déclare la séance close au lieu de la déclarer ouverte). Freud a donc déjà commencé de convertir sa technique rigoureuse en une méthode indicielle au sens de Carlo Ginzburg, c'est-à-dire en un savoir conjectural qui devine ce qui ne peut être vu à partir de petits indices ordinairement dédaignés [4]. C'est cependant sur le terrain de la culture que cette conversion va véritablement se consommer.

1. *Cf.* L. Kahn, *Sigmund Freud 1897-1904*, Paris, PUF, 2000, p. 88.
2. *Ibid.*, toujours p. 88.
3. L. Kahn, *Sigmund Freud 1897-1904*, *op. cit.*, p. 90.
4. *Cf.* C. Ginzburg, « Morelli, Freud and Sherlock Holmes : Clues and Scientific Method », *History Workshop Journal* 9, 1980, p. 5-36, en particulier p. 9-11.

L'EXTENSION DE L'INTERPRÉTATION PSYCHANALYTIQUE À LA CULTURE

Le paradigme morellien

Dans un passage important de son essai sur *Le Moïse de Michel-Ange*[1] (1914), Freud, sous le couvert d'un anonymat qu'il ne lèvera que quelques années plus tard, compare la technique psychanalytique à un nouveau procédé d'attribution des œuvres picturales, développé par l'historien de l'art italien Giovanni Morelli dans la deuxième moitié du XIXe siècle. Rappelons que Giovanni Morelli, qui s'était un temps fait passer pour un amateur d'art russe du nom de Ivan Lermolieff, basait sa technique d'authentification des tableaux sur une observation attentive des détails mineurs, comme les lobes d'oreilles ou la forme des ongles et des doigts, au détriment d'éléments plus stylisés et significatifs que tout imitateur chercherait en premier lieu à copier. On le voit, ce rapprochement méthodologique proposé par Freud lui-même a pour centre de gravité l'idée de se focaliser sur les petits indices qui dérangent les grandes constructions. Bien entendu, il serait exagéré de soutenir que l'invention de la technique des associations libres serait due à la découverte des travaux de Morelli, et nous avons au contraire montré (p. 120) qu'elle s'expliquait très largement par des raisons immanentes. L'historien Carlo Ginzburg a cependant raison de pointer la continuité du paradigme morellien dans toute l'œuvre de Freud, et de la rapporter à un phénomène plus général au XIXe siècle : l'émergence – ou mieux l'entrée dans les hautes sphères du savoir – d'un modèle sémiotique de l'interprétation des indices qui ne devait plus quitter les sciences humaines[2].

Mais s'il est incontestable que Freud a développé, tant dans ses cures que dans ses travaux sur la culture, un art de lire les détails comme indices d'une déformation préalable, on ne doit pas négliger la

1. Voir S. Freud, *L'inquiétante étrangeté et autres essais*, trad. fr. B. Féron, Paris, Gallimard, 1985, « Le Moïse de Michel-Ange », p. 103.

2. Ce modèle a été baptisé par Th. Huxley « méthode de Zadig ». Ginzburg montre bien qu'il s'impose simultanément en criminologie, en littérature, en histoire de l'art, en psychologie, en paléontologie, etc. Voir « Clues and Scientific Method », p. 23.

différence capitale de modalité épistémique que confère à cette lecture la présence ou l'absence, en face de soi, de l'auteur présumé de la déformation ; autant dire la possibilité ou l'impossibilité d'une confirmation – toujours relative car perméable à la suggestion – par les libres associations de l'intéressé. Il y a là tout l'écart qui sépare l'interprétation *stricto sensu* de l'interprétation *lato sensu*, et nous entrons à présent dans l'orbite de la seconde.

L'interprétation des créations artistiques

À quoi bon une interprétation psychanalytique des œuvres d'art ? Les critiques les moins bienveillants ont souligné l'inutilité foncière des incursions culturelles de Freud, condamnées à expliquer par des catégories psychologiques stéréotypées l'irruption toujours singulière de la création géniale ; pire, on y a vu autant de tentatives mesquines pour « noircir ce qui rayonne, et traîner le sublime dans la poussière » [1]. Et beaucoup d'adversaires intransigeants de la démarche freudienne ont salué les aphorismes satiriques et l'humour décapant d'un Karl Kraus, comme un remède salutaire contre les débordements psychanalytiques.

Dans ce contexte, il est important de rappeler que, chez Freud lui-même, l'application de la psychanalyse aux objets culturels ne dissimule aucune entreprise réductionniste de mauvais aloi, sans être pour autant gratuite. Elle est au contraire motivée par deux raisons essentielles : l'une, qui préside également à l'enquête freudienne sur les faits de civilisation, est la volonté de démontrer la validité des enseignements psychanalytiques sur des objets publiquement accessibles, au-delà du champ restreint de la cure et de la pathologie ; l'autre, qui concerne en propre l'étude des œuvres d'art, procède d'une interrogation sur l'impact émotionnel que celles-ci ont sur nous. Tâchons de nous convaincre successivement de l'importance de ces deux motivations.

1. « das Strahlende zu schwärzen, / Und das Erhabene in den Staub zu ziehen ». Vers de Schiller cités par Freud au début de *Eine Kindheitserinnerung des Leonardo Da Vinci*.

Souvenirs d'enfance des grands créateurs

Au gré de son expérience analytique, Freud s'est forgé des vues précises sur le mécanisme psychique responsable de l'amnésie des premières expériences infantiles, et sur la nature des souvenirs susceptibles d'échapper à un tel effacement. Le nœud de cette conception est formulé avec netteté au début de *Eine Kindheitserinnerung aus* Dichtung und Wahrheit :

> Il ne devait pas être indifférent de savoir quel détail de la vie de l'enfance avait été soustrait à l'oubli général de celle-ci. On devait bien plutôt présumer que cette chose conservée dans la mémoire était du même coup l'élément le plus significatif de toute cette tranche de vie [1].

Nous sommes donc en présence d'une hypothèse de travail : les souvenirs d'enfance, quelque anodins ou indifférents qu'ils paraissent au premier abord, recèlent une haute valeur psychique qui explique seule qu'ils aient pu défier l'amnésie. Pour reconnaître toute leur signification, un travail d'interprétation est nécessaire[2]. (Il paraît inutile de souligner à quel point cette conviction théorique concorde dans ses aspects essentiels avec le paradigme épistémologique mis en lumière par Carlo Ginzburg.)

Mais, répliquera-t-on, n'y a-t-il pas là une vérité de la cure qui ne vaut que pour le psychisme anormal des névrosés, plus porté au refoulement que celui des normaux ? Non, répond Freud, et il exhibe deux preuves textuelles de la validité générale de son point de vue, prélevées dans les biographies de deux hommes d'exception qu'on ne saurait accuser de névrose : Léonard, avec *Eine Kindheitserinnerung des Leonardo da Vinci* (1910), et Goethe, avec *Eine Kindheitserinnerung aus* Dichtung und Wahrheit (1917). Pour autant, il ne saurait s'agir de promouvoir une lecture *typique* des souvenirs d'enfance en général, et si telle réminiscence pourra apparaître comme un fantasme rétrojeté (l'épisode du milan-vautour descendu sur le berceau de Léonard et qui lui aurait heurté les lèvres de sa queue), telle autre se donnera au contraire comme une action réelle ayant autrefois cana-

1. *Cf.* S. Freud, *L'inquiétante étrangeté et autres essais*, *op. cit.*, « Un souvenir d'enfance de "Poésie et vérité" », p. 195.
2. *Cf.* S. Freud, *L'inquiétante étrangeté et autres essais*, *op. cit.*, toujours p. 195.

lisé les impulsions majeures d'une tranche de vie (l'éjection magique d'articles de vaisselle par la fenêtre, au moyen de laquelle Goethe refusait la naissance d'un petit frère).

De telles exégèses psychanalytiques n'ont pas pour but de niveler toutes les productions humaines sur un plan universel de la pathologie : l'objectif est plutôt de prouver aux sceptiques que certaines « lois » psychanalytiques régissent aussi bien le normal que le pathologique, conviction qui guidait Freud dès la lettre à Fliess du 25 mai 1895 [1]. Dans certains cas, on se risquera à proposer d'un même élan des vues inédites sur les grandes œuvres de l'artiste : sourire de la Joconde, dualité des figures maternelles dans le tableau *La Vierge, l'Enfant Jésus et sainte Anne* ; dans d'autres occasions, on s'en abstiendra prudemment, et le petit essai sur Goethe se clôt sur une remarque générique relative à l'importance de la préférence maternelle pour expliquer la confiance en soi qui assure le succès.

L'artiste comme technicien des affects

Le deuxième fil conducteur de la lecture freudienne des œuvres d'art, nous l'annoncions, est la recherche d'une interprétation de l'impact émotionnel qu'elles ont sur nous. Freud a toujours pensé qu'en étudiant les passions, les plaisirs ou les inquiétudes qu'une création éveillait chez son public, on était plus près d'accéder à son sens que par toute autre voie, car « ce qui nous empoigne si puissamment ne peut être [...] que l'intention de l'artiste » [2]. Aussi le petit essai d'abord anonyme sur *Le Moïse de Michel-Ange* offre-t-il à Freud une excellente opportunité d'avouer le dessein considérable qui est le sien : *faire cesser le conflit des interprétations au sujet des grandes œuvres* en exhibant *la* bonne lecture, celle qui résout l'énigme de l'effet produit en le rapportant à l'intention de l'auteur [3].

1. Voir F. Coblence, *Sigmund Freud 1886-1897*, Paris, PUF, 2000, p. 111, ainsi que la confirmation quinze ans plus tard dans S. Freud, *Un souvenir d'enfance de Léonard de Vinci*, Paris, Gallimard, 1991, p. 47.

2. *Cf.* S. Freud, *L'inquiétante étrangeté et autres essais*, *op. cit.*, « Le Moïse de Michel-Ange », p. 88.

3. *Ibid.*, p. 89

Paul Ricœur a bien vu fonctionner cette approche dans le petit texte remarquable de 1908 intitulé *Der Dichter und das Phantasieren*[1], où Freud revendique comme on sait une analogie, ou mieux un rapport de précession psychologique, entre rêve diurne et création littéraire. Une connexion très frappante entre technique et hédonistique se trouve ainsi mise en lumière[2], qui ménage une continuité entre l'interprétation psychanalytique des œuvres d'art et le paradigme de la *Wunscherfüllung* forgé à propos du rêve, puis appliqué au transfert et à la vie quotidienne. Mais Freud ne s'est pas borné à enquêter sur les plaisirs sereins que nous offrent les fictions populaires, celles qui promettent toujours par avance au lecteur : *Es kann dir nix g'schehen*[3], « Y peut rien t'arriver ». Son œuvre fait au contraire une place aux expériences esthétiques énigmatiques, qu'elles soient ou non gratifiantes, et il est permis de discerner dans le célèbre écrit sur l'inquiétante étrangeté, à bien des égards, un effort pour élucider l'impression bizarre et sinistre que nous font les contes les plus réussis d'E.T.A. Hoffmann[4].

Au travers de ce traitement des créations culturelles, Freud a au fond fait valoir ce double truisme que l'artiste a un psychisme à partir duquel il s'adresse au public, et que le public reçoit l'œuvre du sein de ses propres possibilités affectives. De ce constat très simple il résulte que toutes les questions esthétiques ne sont pas herméneutiques, *i.e.* solubles par la voie d'un déchiffrement textuel – qu'il soit d'ailleurs immanent ou intertextuel : en un sens, il importe peu de savoir ce que les yeux *signifient* dans le conte *Der Sandmann* (fenêtres de l'âme, symboles de vie et de mort, etc.) pour comprendre pourquoi la menace de leur arrachement nous fait tant frissonner.

1. La traduction française est délicate. B. Féron propose « Le créateur littéraire et la fantaisie » (Paris, Gallimard, 1985). Auparavant M. Bonaparte et E. Marty avaient opté pour « La création littéraire et le rêve éveillé ».

2. *Cf.* P. Ricœur, *De l'interprétation. Essai sur Freud*, Paris, Seuil, 1965, Analytique, Deuxième partie, chap. 1, p. 179.

3. On doit cette formule savoureuse au dramaturge autrichien Ludwig Anzengruber.

4. *Cf.* S. Freud, *L'inquiétante étrangeté et autres essais*, *op. cit.*, « L'inquiétante étrangeté », p. 225-234. Voir notamment p. 234 : « E.T.A. Hoffmann est un maître inégalé de l'étrangement inquiétant dans la création littéraire ».

Après avoir tracé les linéaments de l'approche freudienne des œuvres d'art, tournons-nous vers l'interprétation des faits de civilisation, qui nous donnera l'occasion de toucher quelques mots du fameux complexe d'Œdipe.

Œdipe dans la civilisation

*La lecture d'*Œdipe Roi

On a reproché à Freud d'avoir fondé l'essentiel de la psychologie humaine sur une pièce de théâtre de Sophocle. Pourtant, il devrait être clair que cette pièce n'a pu prendre une telle envergure psychanalytique que parce qu'elle avait tout d'abord été *interprétée* conformément au modèle épistémologique que nous venons d'esquisser. Dès la *Traumdeutung* où la notion de complexe d'Œdipe est introduite, Freud précise bien qu'il a voulu démêler les raisons pour lesquelles la destinée d'Œdipe nous émeut, et dont ne rendent pas compte les lectures traditionnelles en termes de « contraste entre la toute-puissante volonté des dieux et les vains efforts de l'homme »[1]. Ces raisons, nous dit-il, font signe vers tout un matériel psychologique concordant attestant une préférence infantile pour le parent de sexe opposé : rêves de mort de personnes chères, comportement des jeunes enfants dans le cercle de la famille, jeux doués d'une signification flagrante[2], etc. Pour réunir ce matériel, Freud a dû surmonter ses propres préjugés sur l'enfance, qu'il tendait comme tout un chacun à appréhender à partir d'idéaux culturels de piété filiale, ou même au prisme de fantasmes adultes d'innocence sexuelle[3]. Il est difficile de nier que l'auto-analyse engagée dans la correspondance avec Wilhelm Fliess ait joué un rôle significatif pour permettre le renversement du point de vue, que marque l'abandon de la *neurotica* en 1897.

1. *Cf.* S. Freud, *L'interprétation des rêves*, *op. cit.*, p. 228.
2. *Cf.* S. Freud, *L'interprétation des rêves*, *op. cit.*, p. 225.
3. *Ibid.*, p. 223 : « la sainteté que nous reconnaissons aux prescriptions du Décalogue nous empêche de voir la réalité ».

De la psychologie individuelle à la psychologie collective

Admettons qu'une observation impartiale puisse confirmer qu'il existe, tendanciellement, une telle préférence infantile dans la famille occidentale du début du XXe siècle, et admettons surtout que la référence au complexe d'Oedipe soit une bonne façon d'épingler ce fait. Pourquoi ne pas se satisfaire de cette conclusion? Faut-il vraiment pousser plus loin l'enquête? Sans doute, les données psychanalytiques jettent un nouvel éclairage sur le mythe grec de la rébellion de Kronos contre Ouranos, où figurent tous les éléments oedipiens essentiels: jalousie du père qui refuse de se laisser supplanter par sa descendance mâle, complicité de la mère qui favorise les menées du fils, enfin thématique de la castration dont on sait l'importance dans la pensée psychanalytique. Les lecteurs les plus bienveillants de Freud consentiront à en inférer une antique prégnance du modèle patriarcal responsable de la vérité *psychologique* du mythe, mais ils refuseront d'admettre que la psychologie puisse nous ouvrir un chemin vers l'histoire.

On sait que Freud a quant à lui franchi ce pas avec la publication de *Totem et tabou* en 1913. Ses lectures anthropologiques l'avaient en effet convaincu qu'il existait une analogie entre les deux prescriptions tabou qui forment le noyau du système totémique – à savoir, l'interdiction de tuer le totem, et celle d'épouser une femme appartenant au même totem – et les deux crimes d'Œdipe [1]. Comment expliquer cette similitude? Freud émet l'hypothèse que l'animal-totem ne serait qu'un substitut du père, et que la règle de l'exogamie totémique ne serait qu'un des nombreux masques pris par la prohibition de l'inceste chez les primitifs. Reste évidemment, sur la base de cette supposition, à rendre compte de l'instauration par la collectivité de ces normes sociales à contenu oedipien. L'hypothèse que Freud développe à ce sujet dans son ouvrage est bien connue [2]. Elle s'inspire d'un passage de *The Descent of Man* où Darwin soutient que les premiers hommes furent probablement polygames, à l'instar de certains singes anthro-

1. *Cf.* S. Freud, *Totem et tabou*, trad. fr. S. Jankélévitch, Paris, Payot, 2001, IV, 3, p. 186.

2. *Ibid.*, chap. 2, p. 177 *sq.*

poïdes comme le gorille[1]; mais ce qui retient l'attention du psychanalyste, c'est la thèse d'une inégalité sexuelle à l'intérieur des petites communautés originelles, en vertu de laquelle le mâle adulte dominant s'arrogeait la propriété exclusive des femelles. Cette idée conduit en effet à postuler un événement historique fondateur :

> un jour, les frères chassés se sont réunis, ont tué et mangé le père, ce qui a mis fin à l'existence de la horde paternelle. Une fois réunis, ils sont devenus entreprenants et ont pu réaliser ce que chacun d'eux, pris individuellement, aurait été incapable de faire[2].

C'est à la suite de ce meurtre originaire que, pris de remords et conscients du danger d'une lutte fratricide pour la possession des femmes, les frères auraient conclu un pacte symbolique instaurant les deux règles totémiques.

On sait quels ruisseaux d'encre cette théorie a fait couler. Nous nous bornerons à remarquer que, pour Freud, le statut historique du meurtre du père ne fait pas de doute : il ne saurait s'agir d'une simple allégorie ou d'un vieux rêve de l'homme civilisé, car toute fantaisie renvoie à une première inscription qui, elle, n'est pas imaginaire. *Au cœur de l'interprétation freudienne de la civilisation, on trouve donc le schéma dynamique qui fait se succéder meurtre primordial, remords et élaboration collective de ce remords.* On pourrait montrer que ce schéma ne fera par la suite que se confirmer dans *L'homme Moïse et la religion monothéiste*, autour de l'idée d'une mise à mort de l'égyptien Moïse par le peuple hébreu[3].

Un objectif constant : déjouer l'élaboration secondaire

On objectera non sans raison que, sur le terrain de l'anthropologie et de l'histoire des religions, les interprétations freudiennes tiennent très largement de la divination, puisque la confirmation par les associations individualisées d'un sujet fait défaut, sans être remplacée

1. *Cf.* Ch. Darwin, *The Descent of Man, and Selection in Relation to Sex*, New York, Appleton and Company, 1871, vol. II, chap. 20, p. 346.

2. *Cf.* S. Freud, *Totem et tabou*, *op. cit.*, IV, 5, p. 199.

3. *Cf.* S. Freud, *L'homme Moïse et la religion monothéiste*, trad. fr. C. Heim, Paris, Gallimard, 1986, en particulier les essais deux et trois : « Si Moïse fut un Egyptien… » et « Moïse, son peuple et la religion monothéiste ».

par une corroboration équivalente. Ce constat ne peut cependant pas signifier que rien de la méthode analytique ne se conserverait dans les travaux sur la civilisation de Freud: en effet, l'idée capitale s'y réaffirme qu'il convient d'en appeler de la rationalité de surface aux petits détails énigmatiques qui viennent déranger les constructions d'ensemble. Ces constructions, comme celles du scénario onirique ou des tableaux symptomatiques, *relèvent pour Freud de l'élaboration secondaire* : de là la nécessité d'adopter une attitude critique vis-à-vis des témoignages des acteurs ou des rédacteurs, qui ne rationalisent que trop fréquemment ce qui leur a paru inintelligible, et déforment volontiers la vérité dans le sens de l'intérêt du groupe. Ainsi, lorsque le texte de l'Exode convoque le motif de l'exposition pour assurer la judéité de Moïse *en dépit* de son nom et de son éducation égyptiens, ce pourrait bien être précisément une tentative de dénégation. Le Freud « culturel », coutumier de ce genre de remarques, ressemble beaucoup au héros de Conan Doyle auquel Ginzburg ne craint pas de le comparer, et il faudrait effectivement insister sur la racine médicale de cette analogie : Doyle, médecin de formation, était lui aussi versé dans l'art de la symptomatologie. Cet art du déchiffrement des symptômes, quoi qu'on pense en dernière analyse de la validité de ses résultats, a en tout cas préservé Freud du grand danger de la lecture stéréotypée des phénomènes humains, car la sémiotique médicale est une technique individualisante qui produit chaque fois des lectures singulières à partir d'indices singuliers [1].

CONCLUSION

Dans ce travail, nous nous sommes efforcé de tracer une ligne de partage entre un sens strict et un sens large de l'interprétation freudienne. Le sens strict, fondé sur la technique des associations libres et tendu vers le repérage du transfert au sein du processus de la cure, jouit à la fois d'un statut épistémique relativement privilégié, puisque chaque lecture est susceptible d'être corroborée par un nouveau maté-

1. *Cf.* C. Ginzburg, « Morelli, Freud and Sherlock Holmes: Clues and Scientific Method », p. 15.

riel offert par le patient, et, en principe, d'une dimension thérapeutique : la *Deutung stricto sensu* ne se veut pas une simple méthode d'investigation, mais un outil de rééducation affective à manier avec prudence et tact, loin de toute « psychanalyse sauvage » qui jetterait leurs vérités à la face des gens [1]. La *Deutung lato sensu* prend, quant à elle, des libertés vis-à-vis de ce cadre étroit, mais toujours dans le but de le reconfirmer dans sa spécificité. L'expansion du champ analytique n'est pas le fruit d'un caprice contingent, elle obéit au contraire à une logique de validation de la découverte – ou si l'on veut de l'invention – aux yeux des profanes qui pousse Freud à abandonner le secret du cabinet pour se frotter à des objets publics. Un certain fléchissement de la méthode s'ensuit, qui force la psychanalyse « appliquée » à accepter modestement les critiques empiriques des spécialistes, en espérant ouvrir malgré tout des perspectives et stimuler les chercheurs. Mais l'assouplissement de la technique ne conduit pourtant pas à renoncer à un aspect capital de la démarche : l'art de lire dans les petites lacunes d'une construction les indices des vrais mobiles qui la travaillent.

Emmanuel SALANSKIS

1. Voir à ce propos deux petits textes de Freud recueillis dans *La technique psychanalytique* : « À propos de la psychanalyse dite «sauvage» », p. 35-42, et « Le maniement de l'interprétation des rêves en psychanalyse », p. 43-49. La règle d'or du maniement de la *Deutung* est d'interpréter « près du moi », c'est-à-dire près de ce à quoi le sujet est sur le point d'accéder, afin qu'il soit en mesure de se l'approprier sans avoir à surmonter une résistance excessive.

EN SUIVANT LA PISTE DU JEU
LE DÉBORDEMENT HERMÉNEUTIQUE
SELON GADAMER

S'il y a quelque chose qui caractérise l'œuvre d'art et la distingue, c'est qu'avec elle il est impossible de dire que, désormais, « on sait »[1]. On ne peut pas tirer d'elle une « information pertinente », épuiser ce qu'elle a à dire comme on épuise le contenu informatif d'une communication quelconque, le propre d'une œuvre d'art est qu'aucune compréhension ne pourra jamais la « vider ». L'acte même de récolter, toujours divers, ne peut pas s'épuiser. Seul ce qui est dépourvu d'art peut nous donner l'impression d'une chose vide. La finitude placée au principe de toute compréhension par Gadamer n'a donc rien d'un terme ou d'un achèvement de sens. Que veut dire comprendre si ce qui est exemplairement à comprendre se définit lui-même par une virtualité interprétative ? La réflexion herméneutique a commencé avec des difficultés d'élucidation langagières et d'abord, historiquement, avec celles de la langue des épopées homériques : l'objectif était de restituer le sens littéral en dissipant les obscurités d'une langue devenue étrangère. Cette première tendance de l'herméneutique[2], tendance

1. H.-G. Gadamer, « Zwischen Phänomenologie und Dialektik – Versuch einer Selbstkritik », *Gesammelte Werke* 1-10, Tübingen, J.C.B. Mohr, 1987 (dorénavant cité GW suivi du tome), GW 2, p. 7, « Entre phénoménologie et dialectique. Essai d'autocritique », *L'Art de comprendre* 2, *Herméneutique et champs de l'expérience humaine*, trad. fr. I. Julien-Deygout, P. Forget, P. Fruchon, J. Grondin et J. Schouwey, Paris, Aubier, 1991, p. 16.

2. Gadamer rappelle que la première occurrence du terme d'herméneutique dans un titre d'ouvrage se trouve dans un texte de 1654 de J.C. Dannhauer. Voir GW 2, p. 94, *La*

philologique ou grammaticale, détermine un premier enjeu de la compréhension : donner au texte ancien une validité pour aujourd'hui, formellement en rendant le contenu recevable et disponible dans le présent, et donc atténuer une distance temporelle qui se matérialise aussi dans différents états de langue. La seconde tendance, dite allégorique, vise à apporter aux textes une signification nouvelle qui s'ajoute au sens littéral et prend en compte le contexte intellectuel non plus de l'auteur mais de l'interprète. Ainsi se sont développées en parallèle deux techniques d'interprétation correspondant à deux domaines d'objet, l'une attachée aux textes littéraires, l'autre à l'écriture sainte et c'est un des apports majeurs de la pensée de Schleiermacher que d'avoir proposé pour la première fois, non seulement d'unifier des systèmes de règles qui cherchaient auparavant essentiellement à s'adapter au mieux à la particularité de leur objet (donc sans avoir l'idée de comparer ou de mettre réciproquement à profit leurs procédés), mais de voir dans la compréhension un problème général et dans l'herméneutique un savoir universel. Même si la réflexion de Gadamer s'éloigne de celle de Schleiermacher, au point que, à la fin de la première partie de *Vérité et méthode*, il opte clairement pour le principe hégélien de l'intégration contre celui de la reconstitution psychologique, l'universalisation de l'herméneutique reste le thème directeur qui justifie notamment le ressourcement des sciences de l'esprit dans l'interprétation de l'œuvre d'art, qui s'appuie lui-même sur la finitude de l'homme identifiée à sa linguisticité (*Sprachlichkeit*). Ce qui renvoie tout savoir – y compris celui que développe les sciences de la nature – à des présupposés et à des fins de compréhension, c'est le langage comme dialogue et la vérité comme recherche d'accord ou d'entente (*Einverständnis*). La force de l'art et des sciences de l'esprit tient au fait qu'ils reposent sur des formes langagières (des *logoï*) qui mettent en relief des contenus qui sont les véritables critères d'évaluation de la vérité (sur l'homme) à laquelle nous pouvons accéder : en conséquence, s'il y a une ouverture toujours maintenue dans l'interprétation, s'il n'est pas possible de saturer ce mouvement, ce n'est pas chez Gadamer pour des raisons simplement

philosophie herméneutique (1968) (dorénavant cité PH), trad. fr. J. Grondin, Paris, PUF, 1996, « Herméneutique classique et philosophie », p. 87.

subjectives, des limites inhérentes au pouvoir présumé du sujet à connaître (Gadamer met, à la suite de Heidegger, le concept de conscience de soi en retrait), ou parce que la conscience ne parviendrait pas à reconstituer intégralement l'intention de l'auteur, mais parce que le contenu même qui sert de critère et sur lequel porte la compréhension – « Telle est la tâche constante du comprendre : donner corps aux esquisses justes et appropriées à la chose, qui en tant qu'esquisses sont des anticipations qui n'attendent leur confirmation que des "choses mêmes" »[1] – se donne à connaître d'une certaine manière et que cette manière, tout en étant la seule manière de poser authentiquement l'accord, reste une manière ouverte, finie et historique de le poser.

LE DÉPASSEMENT AU NOM DE L'HISTOIRE
LA CONSERVATION COMME DIALOGUE

La compréhension (*Verstehen*) et l'interprétation (*Auslegung*) sont souvent associées par Gadamer comme si elles recouvraient à peu près la même réalité. Plus exactement, compréhension et interprétation sont aussi intimement liées que pensée et langage[2]. La compréhension dépasse du reste les expériences attachées uniquement au langage au sens étroit du terme, elle donne à toute chose un horizon, qui déborde l'interprétation comme version langagière du comprendre : mais même dans l'interprétation, c'est la chose qui reste le guide et le référent contre l'acceptation nihiliste et l'arbitraire de toutes les

1. GW 1, p. 272, *Vérité et Méthode* (dorénavant cité VM), Paris, Seuil, 1996, p. 288.

2. « Face à la tendance au nivellement, motivée par la vie sociale, par laquelle la langue contraint la compréhension à entrer dans des schématismes déterminés qui nous mettent à l'étroit, notre volonté de connaître cherche à se soustraire par la critique à ces schématisations et à ces anticipations. [...] La conscience herméneutique ne fait ici que participer à ce qui constitue le rapport général entre langage et raison. Si toute compréhension se trouve nécessairement dans un rapport d'équivalence avec son interprétation possible et si la compréhension ne se heurte fondamentalement à aucune limite, le vêtement langagier que la compréhension revêt dans l'interprétation doit, lui aussi, comporter une infinité qui dépasse toute limite. Le langage est le langage de la raison même » (GW 1, p. 405, VM, p. 424).

lectures possibles, on avance dans la compréhension d'après la règle de l'ancienne rhétorique qui préconise les allers retours du tout à la partie ou encore d'après des corrections successives qui permettent d'accomplir et de légitimer le sens [1], ce que Heidegger avait déjà décrit en parlant de cercle de la compréhension dans *Sein und Zeit*[2]. Le sérieux *sui generis* des sciences de l'esprit se manifeste ainsi dans leur absence d'autosuffisance, elles ne sont jamais seulement des savoirs mais intègrent toujours une pratique et un lien avec le monde qu'elles s'approprient et dans lequel elles s'inscrivent : l'insertion d'un monde dans l'œuvre et de l'œuvre dans un monde explique l'inaptitude de la rationalité méthodique à servir d'étalon de mesure pour les contenus développés au sein de ces disciplines, l'œuvre d'art elle-même ouvre ce chemin en n'étant jamais pure proposition esthétique. C'est aussi à cause de cette médiation qu'une corruption de la rationalité est à la fois plus lente et plus préjudiciable au concept général du savoir lorsqu'elle concerne le champ de la compréhension, ce qui risque de se produire lorsque les sciences de l'esprit cherchent à aligner leur scientificité et leur légitimité sur celles de la science moderne et son idéal anhistorique de méthode[3]. La médiation historique donne à l'herméneutique une cohérence spécifique dans la mesure où l'histoire exerce elle-même une vigilance constante non seulement sur les contenus mais aussi sur leur mode de transmission (tradition,

1. GW 2, p. 61, PH, « Du cercle de la compréhension » (1959), p. 77.

2. La question herméneutique est en réalité submergée par l'analyse existentiale du *Dasein* dans *Sein und Zeit*; au regard des développements finalement assez courts consacrés au thème herméneutique proprement dit, les paragraphes sur la précompréhension prennent aussi une signification plus ample et conséquente : « Mais si l'explicitation doit à chaque fois déjà nécessairement se mouvoir dans le compris et se nourrir de lui, comment pourrait-elle produire des résultats scientifiques sans se mouvoir en cercle, surtout si la compréhension présupposée se meut de surcroît au sein de la connaissance commune des hommes et du monde? [...] Ce dont il y va, ce n'est point d'ajuster le comprendre et l'explicitation à un idéal de connaissance qui n'est lui-même qu'une forme déchue du comprendre – celle qui préside à la tâche légitime de saisir le sous-la-main dans l'incompréhensibilité qui lui est essentielle. Le remplissement des conditions fondamentales d'un expliciter possible consiste bien plutôt à ne pas méconnaître celui-ci en ses conditions essentielles d'accomplissement », M. Heidegger, *Sein und Zeit*, § 32, p. 152-153.

3. GW 2, p. 43, PH, « La vérité dans les sciences humaines » (1953), p. 71.

héritage, formation, représentation, appropriation) qui implique une réévaluation répétée, plurielle et dialogique des énoncés. Le dialogue apparaît comme le critère ultime parce que la raison exige elle-même que notre jugement puisse être corrigé ou dépassé par un autre. Ce que vise la compréhension résulte déjà de phénomènes antérieurs de compréhension (des précompréhensions), il n'y a pas de préalable à la compréhension qui ne relèverait pas déjà du langage et du comprendre, l'ouverture de la compréhension est donc coextensive de l'historicité et de la finitude de son origine, l'avenir n'est pas plus ouvert que le passé. Ou plus exactement, c'est une compréhension ouverte du passé, en ce qu'il n'interfère pas seulement négativement dans le comprendre, qui permet à ce dernier d'aiguiller ce qui se donne à entendre dans notre présent: « L'essence véritable de l'autorité repose bien plutôt sur ceci qu'il peut ne pas être déraisonnable, voire qu'il peut être exigé par la raison elle-même de présupposer en l'autre une supériorité de connaissance qui dépasse notre propre jugement » [1]. Ainsi, finalement, la « fécondité de la connaissance en sciences humaines s'apparente beaucoup plus à l'intuition d'un artiste qu'à l'esprit méthodique d'une recherche », qui a tendance à se délester de ce qui ne correspond pas absolument à son ambition positiviste. Les arguments de Gadamer contre le formalisme de la méthode et le relativisme herméneutique se logent en conséquence dans une reprise de la question du sens de l'histoire et du langage, qui fait entre autres entrer en scène la pensée hégélienne de la médiation et de l'esprit.

Le dernier moment de la première partie de *Vérité et méthode*, « La tâche herméneutique : reconstruction et intégration », a pour but de justifier l'idée que l'interprétation ne saurait se confondre avec une tâche de restauration de l'intention de l'autre ou du passé. Gadamer rappelle que « Schleiermacher [...] ne pense qu'à rétablir par la compréhension la signification première d'une œuvre. Car l'art et la littérature qui nous sont transmis du passé sont arrachés à leur monde originel » [2]. Il découle de là que :

1. GW 2, p. 40, PH, p. 66-67.
2. GW 1, p. 171, VM, p. 185.

> Rétablir le « monde » auquel appartient [l'œuvre d'art], restituer l'état originel que le créateur avait « en vue », exécuter l'œuvre dans son style originel, tous ces moyens de reconstitution historique auraient donc la prétention légitime de rendre compréhensible la vraie signification d'une œuvre d'art et de mettre celle-ci à l'abri de la mécompréhension et d'une actualisation qui est fausse [1].

La compréhension est bien reconnue par Schleiermacher comme une question qui se pose à propos de toute forme d'expression, et c'est ce qui justifie son extension au-delà d'un usage régional, subalterne ou simplement pragmatique. Gadamer maintient l'idée d'une nécessaire universalisation du comprendre, mais pour des raisons qui, tout en reposant sur la linguisticité de l'existence humaine, ne mettent pas l'accent sur les mêmes opérations et, plus fondamentalement, sur une même analyse de ce que l'art est et représente. Parce que l'art dit plus que lui-même en sa stricte qualité d'œuvre (c'était l'objectif critique essentiel de la première partie – « Dégagement de la question de la vérité : l'expérience de l'art » – que de contester l'interprétation de l'art par la conscience esthétique moderne) ou l'intention d'un auteur, parce qu'il produit justement un débordement spécifique d'être, la compréhension de l'œuvre ne peut être déterminée comme simple mouvement de restitution. La vérité de l'œuvre d'art va au-delà de la recherche de l'interprétation la moins fautive. Faire une expérience, ce n'est pas non plus simplement recevoir une chose. Les textes ultérieurs de Gadamer sur la vérité de l'art et du poème affineront encore le rapport entre le mode d'être de l'œuvre d'art et la portée philosophique du comprendre. L'accomplissement de l'œuvre d'art se manifeste lorsque nous disons quelque chose comme « ça ressort » (*es kommt voraus*).

> Et nous le disons, aussi bien dans le cas de l'image que dans celui du langage et de sa puissance poétique. Nous y faisons une expérience. Ce « faire » ne veut pas dire à proprement parler que nous faisons quelque

1. GW 1, p. 172, VM, p. 186. D'où le thème célèbre chez Schleiermacher de l'art divinatoire comme voie d'accès optimale à cet état originel de l'œuvre ; cf. *Hermeneutik*, H. Kimmerle (ed.), Heidelberg, Carl Winter Universitätsverlag, 1974, p. 11, « Les discours prononcés à l'Académie » (1829), dans *Herméneutique*, trad. fr. Ch. Berner, Paris, Le Cerf, 1987, p. 170.

> chose, mais bien que quelque chose nous apparaît lorsque nous comprenons correctement. Cela ne veut pas dire, mais pas du tout, que nous y introduisons ou que nous y lisons quelque chose qui ne s'y trouvait pas déjà. Par la lecture, nous en tirons plutôt quelque chose qui s'y trouve déjà et de façon telle que ça ressort. C'est ce qui en fait une expérience de l'art. Il ne s'agit pas de la simple réception de quelque chose [1].

Le dépassement des consciences qui créent ou qui reçoivent est ce que l'art dit par son être même : l'ontologie de l'œuvre d'art est d'emblée une herméneutique. Cela signifie aussi que l'identité de l'œuvre d'art n'est pas telle qu'elle échappe ou qu'elle se réduise à son contexte de production, dans le premier cas, on manque la sortie de soi de l'œuvre par laquelle elle est toujours médiation d'un monde, dans le second, on mésestime l'impossibilité d'une congruence totale entre le temps de la création et celui de la réception, c'est-à-dire d'une compréhension complète. L'entre-deux entre le familier et l'étranger qui caractérise l'herméneutique disqualifie aussi bien l'objectivité anhistorique de la méthode que la technique historiciste. C'est pourquoi la justesse d'un acte compréhensif conserve toujours un résidu d'incompréhensibilité,

> [...] la liberté illimitée de la compréhension n'est pas seulement une illusion dévoilée par la méditation philosophique ; en cherchant à comprendre, nous faisons au contraire nous-mêmes l'expérience du caractère limité de la compréhension. C'est parce que la liberté de la compréhension se voit limitée que la compréhension parvient proprement à l'effectif, à savoir là où elle renonce à elle-même, c'est-à-dire face à l'incompréhensible [2].

Ainsi, la mécompréhension n'est pas véritablement, comme l'affirmait Schleiermacher, le point de départ et l'obstacle de la tâche herméneutique : la compréhension réussie, tout en produisant l'entente, la révélation d'un « il en est ainsi », maintient une virtualité

1. GW 8, p. 387, PH, « Le mot et l'image – "autant de vérité, autant d'être" » (1992), p. 204. Gadamer ajoute que « Lorsqu'il s'agit d'art, il est donc insensé de demander à l'artiste ce qu'il a voulu dire. Il est tout aussi insensé de demander à celui qui la reçoit ce que l'œuvre lui dit au juste. Les deux expériences transcendent la conscience subjective de l'un comme de l'autre », *ibid.*, p. 205.

2. *Kleine Schriften* (dorénavant cité KS) I, Tübingen, J.C.B. Mohr, 1967, p. 8-9, *Langage et vérité* (dorénavant cité LV), trad. fr. J.-Cl. Gens, Paris, Gallimard, 1995, p. 65.

interprétative que partagent l'œuvre et l'interprète. L'incompréhensible n'a ni le même sens ni la même fonction que l'incompréhension, qui ne peut rester le postulat essentiel de l'herméneutique qu'au prix d'une occultation de ce qu'une herméneutique *philosophique* permet de penser en termes de vérité et de liberté :

> L'œuvre d'art est un énoncé qui ne forme pas une phrase énonciative, mais qui n'en est pas moins l'énoncé le plus parlant qui soit. C'est comme un mythe ou comme une légende, et justement parce que son énoncé retient et rend disponible tout à la fois ce qu'il a à dire. L'énoncé sera toujours à même de parler à nouveau [1].

La manière dont une œuvre existe et se rend présente dans le temps, au-delà du moment de sa création et de sa représentation initiale, correspond à la manière dont le langage lui-même médiatise son contenu, elle correspond à une médiation finie. Quel est alors le sens de l'appel à Hegel et à sa philosophie de l'esprit (médiation infinie) dans les paragraphes qui annoncent la deuxième partie – « Extension de la question de la vérité à la compréhension dans les sciences de l'esprit » – de *Vérité et Méthode* ?

L'enjeu de ce passage est de préparer la critique de l'école historique et de l'herméneutique romantique dans lesquelles le concept de vie de l'œuvre a été manqué. L'idée même de restitution de l'œuvre prônée par Schleiermacher est problématique en ce qu'elle présume que l'œuvre appartiendrait exclusivement à son temps propre, l'enfermement dans un contexte fait de celui-ci la clé principale de l'interprétation. Mais

> une telle définition de l'herméneutique n'est finalement pas moins absurde que le serait la restitution ou la restauration de la vie passée. Comme toute restauration, le rétablissement des conditions originelles est une tentative que l'historicité de notre être voue à l'échec. Ce que l'on a rétabli, la vie que l'on a fait revenir de l'aliénation, n'est pas la vie originelle [2].

1. PH, p. 205.

2. GW 1, p. 172, VM, p. 186. Gadamer conclut qu'une « activité herméneutique pour laquelle la compréhension signifierait restauration de l'originel ne serait que transmission d'un sens maintenant défunt ».

Par ailleurs, puisque comprendre signifie moins pour Gadamer obtenir une unité des points de vue, faire en sorte que notre point de vue rejoigne celui de l'auteur que s'entendre sur un contenu, il est décisif de clarifier la façon dont ce contenu est lui-même représenté dans l'œuvre : si le thème de l'intégration est privilégié au détriment de celui de la restitution, c'est aussi parce que l'œuvre d'art témoigne dans sa formation et sa force d'exposition de l'historicité de toute existence. Gadamer voit ici en Hegel « une autre possibilité, celle d'équilibrer gains et pertes dans l'entreprise herméneutique. Il est pleinement conscient de l'impuissance de toute restauration » [1]. Hegel a analysé dans ses textes sur la religion le caractère inapproprié et dégradant de tout acte de conservation de l'art dans sa forme originelle. Gadamer renvoie ici à un passage célèbre de la *Phénoménologie de l'esprit* :

> Aux œuvres de la Muse fait défaut la force de l'esprit qui voyait surgir du broiement des dieux et des hommes la certitude de lui-même. Elles sont désormais ce qu'elles sont pour nous, – de beaux fruits cueillis à l'arbre, – un destin amical nous les a offertes, comme une jeune fille présente de tels fruits ; il ne donne pas la vie effective de leur être-là, pas l'arbre qui les portait, pas la terre et les éléments qui constituaient leur substance, ni le climat qui le faisait pour leur déterminité, ou <encore> l'alternance des saisons qui régissaient le processus de leur devenir. – Ainsi, le destin ne nous donne pas le printemps et l'été de la vie éthique, dans laquelle elles fleurissaient et mûrissaient, mais uniquement le souvenir enveloppé de cette réalité effective. – Notre faire, dans la jouissance que nous prenons d'elles, n'est, par conséquent, pas le faire propre au service divin, moyennant lequel adviendrait à notre conscience sa vérité accomplie qui la comblerait, mais il est le faire extérieur qui, éventuellement, enlève de ces fruits en les essuyant des gouttes de pluie ou de petits grains de poussière, et qui, à la place des éléments intérieurs de l'effectivité – entourante, engendrante, spiritualisante – de ce qui est éthique, érige le vaste échafaudage des éléments morts de l'existence extérieure appartenant à cette effectivité, de la

1. GW 1, p. 172, VM, p. 186.

> langue, de ce qui est historique, etc., non pas pour s'insérer en elle de façon à y vivre, mais seulement pour se la représenter dans soi-même [1].

Seul l'esprit est capable de dépasser la contingence historique, l'existence simple, de conserver l'être-là en tant qu'il est nié et d'intégrer à lui ce qui est désormais privé de sa vitalité première et immédiate. Pour le dire autrement, pour Hegel il n'appartient pas à l'esprit de déplorer la disparition de cet être immédiat et de chercher à compenser à coup de simulacres, domaine où excelle la représentation, ce type de perte, car le souvenir n'est pas tant l'affaire de l'histoire que celle de l'esprit. Une approche seulement historique de l'art, comme l'écrit Gadamer, « instaure avec les œuvres un rapport non de vie mais de simple représentation (*Vorstellung* [2]) ». Il souligne que cette approche historique n'est pas condamnée comme telle par Hegel mais simplement ramenée à ce qu'elle est essentiellement : une tâche extérieure. Il existe en effet une autre manière d'envisager l'histoire de l'art, celle dans laquelle l'esprit se trouve présenté (*dargestellt*) dans l'œuvre « sur un mode supérieur ». Cette révision intéresse Gadamer précisément en ce qu'elle exprime une forme de débordement, qui certes ne coïncide pas chez lui totalement avec le projet hégélien, on expliquera en quoi, mais qui sert de correctif à une conception inaboutie du rapport de l'art à l'histoire. Hegel ajoute :

> Cependant, de même que la jeune fille qui présente les fruits cueillis est plus que la nature de ceux-ci déployée en leurs conditions et éléments : l'arbre, l'air, la lumière, etc., nature qui les offrait immédiatement, en tant qu'une telle jeune fille, d'une manière plus élevée, rassemble tout cela en l'éclair radieux de l'œil conscient de soi et du geste d'offrande, de même l'esprit du destin en tant qu'esprit qui nous présente les œuvres d'art en question est plus que la vie et effectivité éthique du peuple lié à elles, car il est le rappel en et à soi par intériorisation <le souvenir> de l'esprit qui est en elles encore rendu extérieur à soi <aliéné>, – il est l'esprit du destin tragique qui rassemble tous les dieux individuels et

1. Hegel, *Phénoménologie de l'esprit*, trad. fr. B. Bourgeois, Paris, Vrin, 2006, p. 615-616 (GW1, p. 172-173, VM, p. 186-187).
2. GW 1, p. 173, VM, p. 187.

> tous les attributs de la substance, dont il était question, en un unique panthéon, en l'esprit conscient de lui-même comme esprit[1].

L'œuvre vit non pas comme rappel d'elle-même dans sa forme d'objet qui se tient dans le temps mais comme moment que l'esprit conserve de l'avoir effacé en sa qualité simplement objectale et représentative : c'est ainsi sans effort et sans le souci fébrile de celui qui craint de perdre des traces du passé que l'esprit garde en soi. La conservation ne vaut que comme acte de liberté, qui ne s'harmonise guère avec l'aspiration à demeurer intact. S'il y a pour Gadamer dans l'interprétation quelque chose de l'ordre de l'anamnèse, de la reprise mimétique, celle-ci fonctionne en écho avec « la transmutation en œuvre » (*Verwandlung ins Gebilde*) ou le travail du jeu et de la médiation qui crée l'œuvre comme telle, « la représentation par le jeu fait émerger ce qui est »[2]. Qu'est-ce qui est conservé dans l'œuvre, qu'est-ce qui est là, qu'est-ce qui justifie la reprise de l'œuvre et donc sa propre conservation ? Interpréter, ce n'est pas retrouver un état originel, dans la mesure où la vérité de l'œuvre d'art repose sur un jeu, une transformation totale qui nous forme, nous change, ne nous laisse pas « en l'état ». « La transmutation par laquelle le jeu humain atteint son véritable accomplissement, qui est de devenir art, je l'appelle la transmutation en œuvre ».

> [Elle] signifie que quelque chose est d'un coup et en totalité autre chose et que cette autre chose, qu'il est en vertu de la transmutation, est son être vrai, au regard duquel son être antérieur est nul et non avenu. [...] L'expression employée signifie que ce qui existait auparavant n'existe plus, mais aussi que ce qui existe maintenant, ce qui se représente dans le jeu de l'art, est le vrai qui subsiste[3].

Gadamer insiste ici sur l'effacement des circonstances, des aspects contingents de la rencontre avec l'œuvre ; on saisit quelque chose « dans son essence »[4] et comme « totalité de sens », la vérité de

1. Hegel, *Phénoménologie de l'esprit*, *op. cit.*, p. 616 (GW1, p. 173-174, VM, p. 188).
2. GW 1, p. 118, VM, p. 130.
3. GW 1, p. 116-117, VM, p. 128-129.
4. GW 1, p. 119, VM, p. 132.

l'œuvre coïncide donc avec ce qu'elle « représente » (représentation comme *Darstellung*), ce qui signifie que la supériorité du mode d'être de l'art tient aussi à son autonomie (celle du jeu, qui dépasse la prise en compte des joueurs et du jeu lui-même dans leurs particularités respectives) et à sa capacité à dépasser les paramètres conjoncturels et émotionnels auxquels l'esthétique subjectiviste tend à le ramener. En effet,

> ce qui peut être détaché ainsi de l'action représentative du joueur continue à relever de la représentation. Or, il ne s'agit pas là d'une dépendance en vertu de laquelle il ne recevrait son sens que de celui qui alors le représente, c'est-à-dire du joueur, du spectateur, voire de celui qui, comme auteur de cette œuvre, est son véritable créateur, l'artiste. Par rapport à eux tous, le jeu possède une autonomie absolue et c'est justement cela que le concept de transmutation mettra en lumière [1].

La transmutation en œuvre exprime le mouvement de négation et de subsistance par lequel l'art produit la vérité ou la connaissance, c'est-à-dire met à disposition quelque chose qui tient tout seul à partir de lui-même et va au-delà de la contribution individuelle de chacun des participants du jeu. Ce contenu de vérité, l'œuvre le présente à celui qui en fait l'expérience comme une évidence. Le détachement ou l'autonomie de l'art ne correspond ainsi en rien au thème de « l'art pour l'art » ou à la rupture avec la réalité qui caractérise la conscience esthétique : pour Gadamer c'est méconnaître l'histoire que de négliger la capacité de ce qui est historique à se porter au-delà de lui-même.

Or ce débordement n'est pas seulement la condition de la compréhension mais le mode d'être de toute existence (finie). Exister pour l'homme consiste à être capable de porter sa propre finitude à une hauteur supérieure grâce au centre médiateur qu'est le langage. La capacité de l'œuvre du passé à rejoindre le présent s'appuie sur un mode de subsistance et une identité de l'œuvre qui met hors jeu le point de vue de la particularité, ce n'est jamais depuis un simple point de vue subjectif qu'une œuvre peut être reçue et comprise, et « lorsqu'une œuvre d'art exerce sa fascination, toute intention et visée

1. GW 1, p. 116, VM, p. 129.

particulière est comme disparue »[1]. Par l'idée d'absolu dans l'art, Gadamer vise la capacité de l'œuvre à agir sur nous, à nous dominer, à se dresser face au lecteur ou au spectateur. Cela ne veut pas dire que l'œuvre impose un sens unique à l'interprète comme on applique une règle pour résoudre une difficulté technique ou comme s'il existait pour chaque œuvre un sens en soi qu'un entendement infini serait en mesure de définir. L'œuvre révèle un sens qui n'est jamais achevé historiquement et philosophiquement, le dialogue au cœur de la compréhension est un dialogue ininterrompu.

LE DÉPASSEMENT AU NOM DU LANGAGE
LA FUSION DES HORIZONS

Le débordement de l'histoire par l'esprit, Gadamer l'a donc retrouvé dans certains aspects de la pensée hégélienne. La vitalité d'un contenu suppose une action, une influence qui se transporte au-delà – et aussi à partir – de la ponctualité de son apparition, c'est en cela que le souvenir et la tradition, au lieu de fixer le sens, le mettent au centre d'un échange toujours à renouveler, qu'ils guident et qu'ils nourrissent. Chez Hegel, la vie de l'esprit ne conserve pas exactement, on s'en doute, selon les mêmes « modalités »; la conservation philosophique n'est pas le résultat d'une *Aufhebung* comme acte de négation simple, car ce qui est transformé l'est moins en son être (néanmoins aussi dépassé, dans les faits) qu'en son sens ou en sa détermination propre : quand l'esprit conserve, il a en réalité exercé une négation totale, sans résidu, c'est un souvenir qui a appris l'oubli extrême, la dissolution, l'abolition, l'étrangement total à soi et pas simplement la transformation de l'être qui en préserve l'intégrité. C'est pourquoi en même temps l'interprétation d'une œuvre particulière reste tout aussi ouverte que la possibilité pour l'homme de créer des œuvres historiquement : pour Hegel aussi, on ne saurait fixer le sens d'*une* œuvre, car l'absolu du sens ne relève jamais seulement de l'histoire et de l'humain. Ainsi l'histoire peut-elle suivre son cours, et les interprètes

1. GW 8, p. 390, PH, p. 208.

proposer des interprétations historiquement renouvelées[1]. Ce qui chez Hegel produit un absolu du sens n'est pas une médiation « anthropologique », il n'y a pas d'absolu du sens pour telle œuvre particulière, l'élément médiateur est l'esprit, ce qui veut dire que le sens se médiatise dans l'élément de l'infini, il est l'autocompréhension d'un esprit totalement uni avec lui-même qui justifie la démarche interprétative dans sa particularité. Il faut qu'il y ait du sens, le sens, pour établir, historiquement, et de façon révisable, un sens. Mais ce sens, absolu, n'existe pas avant ou en-dehors de l'histoire, de l'extériorité empirique, de l'apprentissage, des conditions concrètes de l'existence, c'est un sens qui se fait, qui ne peut se comprendre lui-même qu'en traversant la particularité et en émergeant de celle-ci. Si l'on suit Hegel,

> Cette ultime figure de l'esprit, l'esprit qui donne à son contenu complet et vrai en même temps la forme du Soi et qui par là réalise son concept aussi bien que, dans cette réalisation, il demeure dans son concept, c'est le savoir absolu; celui-ci est l'esprit qui se sait dans une figure spirituelle ou le savoir qui conçoit[2].

Un tel savoir de soi ne peut, en raison de sa signification infinie, se réaliser dans l'élément langagier: le dépassement de l'histoire par l'histoire, du langage par le langage ne suffit pas, ne peut pas produire la compréhension et le savoir de soi de l'esprit.

> Il faut dire, pour cette raison, que rien n'est su qui ne soit dans l'expérience ou, comme la même chose est aussi exprimée, qui ne soit présent comme vérité sentie, comme un éternel intérieurement révélé, comme un être saint ob-jet de foi, ou quelque autre expression qu'on emploie. Car l'expérience consiste précisément en ceci, que le contenu

1. Gadamer le reconnaît lui-même à l'égard du travail d'écriture du texte philosophique, qui suppose de reconnaître la différence entre ce qui peut être dit en une vie et ce qui à travers elle et en elle est à comprendre : « Toujours est-il qu'Hegel était pleinement conscient de ce que la reprise de la totalité pure de la pensée demeurerait une tâche qu'on n'arriverait jamais à accomplir totalement. Lui-même a parlé de la possibilité d'améliorer sa logique, et il a souvent remplacé d'anciennes déductions dialectiques par des nouvelles. Le continuum de la pensée est, comme tout continuum, divisible à l'infini » (KS IV, p. 247, *L'Actualité du beau* (dorénavant cité AB), « Philosophie et poésie », trad. fr. E. Poulain, Aix-en-Provence, Alinea, 1992, p. 185).

2. Hegel, *Phénoménologie de l'esprit*, *op. cit.*, p. 653.

> – et le contenu est l'esprit – est en soi, substance, et donc ob-jet de la conscience. Mais cette substance qu'est l'esprit consiste, pour lui, à devenir ce qu'il est en soi; et c'est seulement comme un tel devenir se réfléchissant en soi-même qu'il est en soi, à la vérité, l'esprit[1].

Gadamer ne s'arrête pas, dans le passage où il cite lui-même la *Phénoménologie de l'esprit*, sur le fait que le comportement historique est une activité extérieure, comme peut être extérieur le langage de la représentation, en lequel ce qui est en cause c'est une détermination (extérieure) du savoir, non une limite inhérente au langage lui-même. Autrement dit, il appartient bien chaque fois au langage de *pouvoir* se présenter comme mouvement ininterrompu, mais cette possibilité n'est pas pour Hegel la tâche ultime et le sens dernier de l'esprit (en d'autres termes: la vérité de l'art n'accomplit pas totalement celle de la philosophie).

Gadamer s'appuie chez Hegel sur une réflexivité de l'histoire – qu'il ne peut suivre en même temps jusqu'à son terme –, pour prolonger l'analyse de l'expérience de l'art comme expérience d'un réhaussement du soi (Gadamer dira par la suite dans ses textes sur le poème que l'art « ressort » et « surexpose »). Il souligne cependant que Hegel

> élève le problème au niveau du principe sur lequel il a fondé la philosophie comme forme suprême de l'esprit absolu. [...] Pour Hegel, c'est donc la philosophie, c'est-à-dire la pénétration de l'esprit par lui-même, historiquement gagnée, qui vient à bout de la tâche herméneutique. Cette position est diamétralement opposée à l'oubli de soi de la conscience historique; pour elle le comportement historique, qui restait au plan de la représentation [*Vorstellung*], se transforme en un rapport réfléchi au passé qui le pense. Par là Hegel exprime une vérité définitive, en ce sens que l'essence de l'esprit historique ne consiste pas dans la restitution du passé, mais dans la *médiation réfléchie avec la vie présente*[2].

1. Hegel, *Phénoménologie de l'esprit*, *op. cit.*, p. 655-656.
2. GW 1, p. 174, VM, p. 188.

Le rendre-présent de l'herméneutique, chez Gadamer, permet de renverser le cadre de la représentation extérieure (et psychologiste) tout en maintenant la finitude, historique, linguistique, de la médiation. C'est donc en dernier ressort sur le sens du sens que les pensées de Hegel et de Gadamer restent profondément divergentes : pour Hegel, il serait vain de vouloir porter à l'absolu, dans des conditions historiques données, le sens d'un texte ou d'une œuvre, parce que l'accomplissement du sens est ce que peut seul rendre effectif l'absolu lui-même, pour Gadamer, cette impossibilité renvoie à un indépassable donné avec l'historicité même de ce qui est à comprendre et de ce qui comprend. Ainsi, l'inachèvement du sens dans la tâche herméneutique n'est-il pas défini depuis une détermination philosophique du sens comme absolu, l'herméneutique médiatisée par le langage a pour condition et limite la mise en évidence de la vérité que l'art lui-même fait advenir.

En même temps, l'expérience du comprendre qui disqualifie l'absolu du sens comme sens en soi d'une œuvre particulière (ce que la pensée de Hegel ne conteste pas non plus ; Gadamer n'est pas toujours très explicite sur ce point, il semble parfois confondre l'absolu du sens et le sens absolu de telle œuvre) fait intervenir une propriété du langage qui fait de nouveau écho à une certaine lecture hegelienne de la proposition.

Revenons d'abord sur le caractère d'inachèvement de toute interprétation :

> L'interprétation exhaustive d'un poème ne constitue pas seulement ici une tâche impossible à accomplir, mais l'idée même de la poésie pure demeure pour la poésie une tâche que celle-ci ne sera jamais à même d'accomplir totalement. Ceci reste valable, pour finir, de tout poème. Le créateur de la *poésie pure*, Mallarmé, semble avoir pris connaissance de l'impossibilité, commune à la philosophie et à la poésie, d'accomplir cette tâche. Nous savons qu'il a consacré plusieurs années à une étude intensive de Hegel, et ses compositions poétiques les plus précieuses sont celles où il a su capter par la parole la rencontre avec le néant comme une invocation de l'absolu [1].

1. KS 4, p. 248, AB, p. 186.

Cette impossibilité découle de l'historicité de notre existence[1], et donc des conditions dans lesquelles se réalise la transmission et la transmutation en œuvre. La virtualité de la compréhension renvoie, cette fois sans dépassement possible, au langage comme dialogue, à la logique de la question et de la réponse par laquelle ce qui nous a parlé conserve la puissance de se faire de nouveau entendre. Selon Gadamer,

> [l']herméneutique doit percer à jour le dogmatisme d'un « sens en soi », tout comme la philosophie critique a percé à jour le dogmatisme de l'expérience. Cela ne veut certainement pas dire que tout interprète soit spéculatif à l'égard de sa propre conscience, c'est-à-dire qu'il ait conscience du dogmatisme impliqué dans son propre projet d'interprétation. On veut dire au contraire que, par-delà la conscience méthodique qu'elle a d'elle-même, toute interprétation est en fait spéculative dans sa réalisation : c'est ce qui ressort du caractère langagier de l'interprétation. [...] Ce qui traduit le fait que l'interprétation est non pas simple reproduction ou répétition du texte transmis mais création nouvelle de la compréhension[2].

La création n'est pas l'invention permanente ou la disparition du passé, l'abolition de la distance temporelle entre l'œuvre et l'interprétation, à la faveur de l'éviction du préjugé ou de la tradition par exemple. Au contraire, la distance est la condition d'un agir de l'histoire et de la chose même que Gadamer a en vue dans l'idée d'une nature spéculative de la langue : « [...] que ce soit dans la langue du dialogue, dans celle de la poésie ou, également, celle de l'interprétation, il est apparu que la structure spéculative de la langue n'est pas la simple reproduction d'un donné fixe, mais une venue au langage dans laquelle s'annonce une totalité de sens »[3]. Toute interprétation s'accompagne du mouvement de sa propre suppression : comme le dialogue n'est lui-même authentique qu'à partir du moment où l'on accepte l'idée que l'autre puisse avoir raison, le sens s'impose sur fond d'autosuppression de l'interprétation, c'est-à-dire de sa reprise conti-

1. *Cf.* KS 1, p. 2, LV, « Le problème de l'Histoire dans la philosophie allemande moderne » (1943), p. 56.

2. GW 1, p. 477, VM, p. 498-499.

3. GW 1, p. 478, VM, p. 500.

nue[1]. C'est ce mouvement qui opère dans le fini le dépassement de lui-même, « la parole qui rend le sens du texte en l'interprétant porte au langage la totalité de ce sens et par conséquent fait accéder en elle-même l'infinité du sens à une présentation (*Darstellung*) finie »[2]. Gadamer pourrait ainsi répondre, au penseur de l'infini qu'est Hegel, que certes l'infini ne sort pas comme tel du fini, parce que rien ne sort du fini si ce n'est le fini lui-même.

Le dépassement du fini ou du langage ne renvoie donc pas seulement à la métamorphose totale qui fait que la chose même est donnée dans sa vérité, de telle sorte en même temps qu'au lieu de fermer le mouvement interprétatif, cette donation le prolonge et s'offre à de nouvelles représentations : ce qui est mis en retrait, c'est plutôt l'exclusivité de l'usage instrumental du langage et sa fonction de désignation d'une réalité qu'il n'est pas. Si la vérité du langage suppose une présentation de la chose même, ce n'est pas la forme de la proposition logique ou le signe linguistique qui peuvent nous mettre sur la voie de la structure spéculative de la langue, car ils ne nous donnent pas à voir la façon dont le langage rencontre la chose même et la présente[3]. La fusion des horizons, c'est-à-dire la capacité du

1. GW 1, p. 469, VM, p. 490.

2. GW 1, p. 469, VM, p. 491. Gadamer ajoute ceci : « Relayant une terminologie dont on peut montrer la présence chez Hegel, nous donnons à ce qui est commun à la dialectique métaphysique et à la dialectique herméneutique, le nom de *spéculatif*. Le terme désigne ici le type de relation correspondant à la réflexion dans le miroir. La réflexion constitue un échange continuel ».

3. « La forme de la proposition se détruit donc elle-même puisque la proposition spéculative n'énonce pas quelque chose de quelque chose, mais qu'elle amène à la présentation (*Darstellung*) l'unité du concept. [...] Le "freinage inhabituel" qu'éprouve la pensée quand, par son contenu, une proposition la contraint à renoncer au comportement habituel du savoir, constitue en fait l'essence spéculative de toute philosophie » (GW 1, p. 471, VM, p. 492). Voir aussi « Langage et compréhension », LV, p. 146-163 : « La signification d'un mot n'est justement pas uniquement donnée par le système et le contexte, ce se situer-dans-un-contexte signifiant simultanément qu'elle ne se coupe pas complètement de la plurivocité propre à un mot, même lorsque le contexte rend ce sens univoque. Le sens du mot ne se réduit manifestement pas à celui qui lui est dévolu par le discours où il apparaît. Il y a là autre chose de co-présent, et la présence de toutes ces co-présences constitue la force d'évocation du discours vivant. De ce fait, on peut dire que chaque parler renvoie à l'ouvert du continuer-à-parler. Il y a toujours plus encore à dire dans la direction dans laquelle s'est engagée la parole. Là se trouve fondée la vérité de la

passé à rejoindre le présent (et rejoindre ne veut pas dire coïncider absolument, sinon le terme de fusion serait lui-même inapproprié, il faudrait alors plutôt parler d'unité des horizons), exprime une limitation de la référentialité dans le langage car dans la rencontre des contextes, des textes et des interprètes, l'idée même de projection est dépassée : Gadamer parle explicitement de *Aufhebung* à propos de la fusion des horizons, précisément pour pointer à la fois la jonction du passé et du présent qui se produit au moment de la compréhension et le fait que cette compréhension n'est possible que si la question à laquelle l'œuvre répond prend place dans notre propre horizon, par une application et une intégration au présent de notre question. En termes négatifs, on peut dire que

> quand la question « historique » s'impose à part, cela veut dire qu'elle a cessé de « surgir » en tant que question. Elle est le résidu laissé par l'incapacité de comprendre, le détour dans lequel on s'enlise. La véritable compréhension, en revanche, demande que l'on reconquière les concepts propres à un passé historique de telle sorte qu'ils incluent en même temps notre propre compréhension. C'est ce que nous avons appelé plus haut fusion des horizons [1].

On retrouve ici les deux éléments décisifs du comprendre : l'expérience d'une chose dans son être même (la totalité de sens) et le lien (le dialogue) qui s'établit entre elle et l'interprète (l'application). L'œuvre ne rejoint pas l'interprète comme un signe est relié à une chose, car, de surcroît, la médiation qui intervient dans le comprendre (l'entente sur la chose par le dialogue) est à penser comme celle qui a lieu dans l'être même de l'œuvre : ou encore, la totalité qui se donne à comprendre ne renvoie pas à un contexte mais intègre un monde, en conséquence, il ne s'agit pas pour comprendre de seulement chercher à réduire un écart car cette réduction de la distance n'est pas une question technique. Pour cette raison également, l'application à la situation particulière (ou l'interprétation, dissociée dans la tradition herméneutique du moment du comprendre proprement dit, qui

thèse selon laquelle la parole advient dans l'élément du dialogue » (p. 163). Et encore GW 2, p. 77-91, « L'histoire des concepts comme philosophie », PH, p. 119-138 ou KS 4, p. 241-248, « Philosophie et poésie », AB, p. 176-186.

1. GW 1, p. 380, VM, p. 398.

s'appliquerait par après à la situation concrète, par exemple dans le cas du texte religieux ou juridique) ne constitue jamais pour Gadamer un second temps, une tâche négligeable, et séparée, de la compréhension. Au contraire, c'est parce que le texte que nous recevons n'efface pas *complètement* la différence avec le soi qui reçoit qu'il peut nous parler, c'est parce que nous n'exigeons pas de l'œuvre de se convertir en un objet calqué sur notre propre identité qu'elle peut révéler sa charge de sens : oublier que le texte ou la tradition qui se projette dans le présent maintient aussi une distance nous fait prendre le risque de passer à côté de ce qu'ils peuvent nous apprendre, à côté de la véritable reconnaissance ou de l'événement comme voie de connaissance (en un sens qui ne peut plus être positiviste ou historiciste). L'idée de fusion, c'est la conscience d'un écart en tant qu'il rend possible l'appropriation.

Autrement dit, la fonction seulement référentielle du langage, qui voit dans la chose, extérieurement, l'autre du signe, ne permet pas de saisir ce processus car elle instrumentalise la distance au lieu de donner à voir le mouvement de présentation de la chose même *dans* le langage :

> Nous savons maintenant que cette tournure : l'agir de la chose même, sa venue au langage, renvoie à une structure ontologique universelle, la constitution fondamentale de tout ce vers quoi la compréhension peut se tourner. *L'être qui peut être compris est langue*. Ici, le phénomène herméneutique réfléchit pour ainsi dire sa propre universalité sur la constitution ontologique de ce qui est compris, en faisant de celle-ci, en un sens universel, une langue et de son propre rapport à l'étant une interprétation. C'est ainsi que nous parlons non pas seulement d'un langage de l'art, mais aussi d'un langage de la nature et, absolument parlant, d'un langage qui est celui des choses. [...] En d'autres termes, la chose est telle qu'elle se présente d'elle-même à la compréhension [1].

Le manque ou l'absence de compréhension peut désormais être plus précisément déterminé comme défaut d'application, on ne comprend pas bien lorsque la chose dont il s'agit n'est pas reconnue, elle ne nous « parle » pas, on perd le fil, non pas tant celui du texte que

1. GW 1, p. 478-479, VM, p. 500.

celui qui relie le propos interprété avec une quelconque interrogation qui est ou a été la nôtre. Le préjugé n'est pas toujours ce qu'il faut pourchasser pour améliorer la rencontre avec l'œuvre. Sans les phénomènes polymorphes de précompréhension, les obstacles à la compréhension sont plutôt renforcés que dissipés [1].

L'intervention des questions et des réponses déjà formées chez l'interprète ne met pas en péril le projet d'universalisation de l'herméneutique parce que la connaissance de soi qui est en jeu dans la compréhension n'est ni une connaissance limitée au vécu, psychologique et relative, ni une connaissance absolue. Certes l'expérience du comprendre révèle que l'œuvre a trouvé un point de jonction dans le propre questionnement de l'interprète, mais cette forme d'articulation montre plus fondamentalement la nature dialogique du langage et l'enracinement de l'existence humaine dans le comprendre [2]. Le mouvement de la compréhension de soi vaut ainsi pour tout comprendre, universellement; il manifeste le rapport essentiel de l'homme à la possibilité de questionner et d'attendre une réponse. C'est l'être-en-relation qui domine la question de l'existence et du sens. Une herméneutique de la finitude ne peut être qu'une herméneutique de la relation. Le débordement herméneutique rejoint par là « le problème de la compréhension de soi » :

1. L'historicité et la linguisticité comme centres médiateurs produisent ainsi chez Gadamer un revirement de la conception hégélienne de la connaissance du Soi : « *"Être historique" signifie ne jamais pouvoir se résoudre en savoir de soi-même* (*Sichwissen*). Tout savoir de soi-même a pour point de départ une donnée historique préalable, qu'avec Hegel nous appellerons substance, parce qu'elle porte toute opinion et toute attitude du sujet, de même qu'elle ébauche ainsi et limite toute possibilité de comprendre une tradition dans son altérité historique. Partant de là, on peut donc caractériser tout simplement la tâche de l'herméneutique philosophique en ces termes : il lui faut parcourir à rebours le chemin de la *Phénoménologie de l'esprit* de Hegel, dans la mesure où l'on montre en toute subjectivité la substantialité qui la détermine », GW 1, p. 307, VM, p. 324.

2. « Tout comprendre est finalement un se-comprendre, mais pas au sens d'une possession de soi antérieure ou finalement atteinte. Car ce se-comprendre ne s'effectue toujours qu'à travers le comprendre d'une Chose et n'a pas le caractère d'une libre réalisation de soi. Le soi que nous sommes ne se possède pas lui-même. On pourrait plutôt dire qu'il s'advient », KS 1, p. 78, LV, « Le problème de la compréhension de soi », p. 142.

> La relation du comprendre et du compris a le primat à l'égard du comprendre et du compris, exactement comme la relation du parlant et du parlé renvoie à l'accomplissement d'un mouvement qui n'a son assise ferme pas plus dans l'un des termes de la relation que dans l'autre. Comprendre est irréductible à cette « évidente » sûreté de la compréhension de soi dont parlait l'idéalisme, comme à cette critique révolutionnaire de l'idéalisme qui pense le concept de compréhension comme quelque chose qui arrive au soi, et par quoi il parvient au soi authentique. Je crois, au contraire, qu'il y a dans le comprendre un moment de perte de soi (*Selbst-losigkeit*) qui mérite aussi d'être pris en considération en vue d'une herméneutique théologique et qui devrait être examiné en fonction du fil directeur de la structure du jeu [1].

Il y a débordement parce que comprendre c'est être en relation, et que cette relation ne peut jamais aboutir à une pleine identité ou transparence à soi [2]. La vérité qui émerge du comprendre n'implique pas, en d'autres termes, un phénomène de dépassement qui résout dans une unité absolue la résistance du soi à épuiser la compréhension de lui-même, la résistance du fini à se laisser totaliser dans l'infini. Mais Gadamer refuse aussi bien et peut-être plus fortement encore (c'est l'hypothèse qu'on peut formuler à partir des derniers paragraphes de la première partie de *Vérité et méthode*), en souvenir de Hegel, une confiscation du comprendre par les seuls intervenants du jeu, les données conjoncturelles de l'interprétation : l'inachèvement du comprendre *et* le réhaussement de la chose dans l'expérience herméneutique vont ensemble. En conséquence, s'il n'est pas possible de dire, à propos d'une œuvre : maintenant « je sais », c'est essentiellement parce que la compréhension n'est pas seulement la prérogative du soi, parce qu'il y a dans le soi, dans l'existence finie, quelque chose qui les pousse au-delà d'eux-mêmes et appelle une reprise ininterrompue. En ce sens,

1. KS 1, p. 75, LV, p. 137-138.

2. « La "compréhension de soi" ne peut plus être rapportée à une pleine transparence à soi, c'est-à-dire à la pleine présence de nous-mêmes à nous-mêmes. La compréhension de soi n'est jamais qu'en chemin, c'est-à-dire un cheminement dont il est clairement impossible de trouver le terme », *Vernunft im Zeitalter der Wissenschaft*, Berlin, Suhrkamp, 1986, p. 97-98, LV, « L'herméneutique comme philosophie pratique », p. 245-246.

> La véritable réalité de l'acte herméneutique [...] semble déborder la compréhension de soi aussi bien de celui qui interprète que de celui qui est interprété. [...] L'événement authentique de la compréhension va bien au-delà de ce qui peut être produit pour l'entente de la parole de l'autre par l'effort méthodique et le contrôle critique de soi. Cela va même bien au-delà de ce que nous-mêmes en percevons. Le propre de tout dialogue, c'est que, par lui, quelque chose a changé. Et la parole de Dieu appelant à la conversion et nous promettant une meilleure compréhension de nous-mêmes peut encore moins être comprise comme le vis-à-vis d'une parole qu'il faut laisser à elle-même. Là, ce n'est absolument pas nous-mêmes qui comprenons. C'est toujours déjà un passé qui nous permet de dire : j'ai compris [1].

C'est la vie non restaurée mais intégrée à soi du passé, du passé qui nous dépasse, nous dit qui nous sommes et nous sort de nous-mêmes, qui ouvre la voie de la compréhension, à perte de vue.

Isabel WEISS

1. KS 1, p. 80-81, LV, p. 145.

LA SCIENCE ET LA QUESTION DE L'INTERPRÉTATION

On distingue habituellement ce qui relève de l'herméneutique et ce qui relève du discours scientifique. L'herméneutique, au sens large, est l'interprétation des textes tandis que la science est la construction de lois qui expriment des régularités de la nature. Mais la science n'a-t-elle rien à voir avec la question de l'interprétation ? Si l'on se réfère à la Renaissance et à l'âge classique, la conception du livre de la nature construit un premier pont entre la science et l'interprétation. En effet, si l'herméneutique est l'interprétation des textes, la science peut être considérée comme une herméneutique puisqu'elle est l'interprétation de la nature ou du monde conçus comme un livre (le livre du monde à la Renaissance, ou bien, pour Galilée, le livre de la nature écrit en langage mathématique). Cette conception de la science comme interprétation du texte de la nature est ainsi présente dans les titre et sous-titre de deux ouvrages célèbres : le *Novum Organum ou les vraies directives de l'interprétation de la nature* de Bacon (1620) et les *Pensées sur l'interprétation de la nature* de Diderot (1754). Cependant, ce sens tissé entre science et interprétation dérive d'une métaphore qui a fait l'objet de nombreuses études que nous ne désirons pas répéter ici.

Mais il est un autre sens plus direct qui invite à penser que la science a maille à partir avec l'interprétation. Ce sens, et c'est ce qui fait, à nos yeux, tout son intérêt, est issu de la science elle-même ou, plus exactement, d'une réflexion sur la science. Cette réflexion pourrait se formuler ainsi : la science nous fait-elle connaître les choses ou ne nous donne-t-elle à penser qu'une interprétation des choses ? Autrement dit, la science nous donne-t-elle accès aux choses mêmes ou seulement aux rapports que nous avons aux choses. Cette alternative engage trois termes: la science, les choses et « nous » (c'est-à-dire l'ensemble des hommes) et nous invite à interroger la manière dont on peut penser les liens entre la science et les choses, entre les choses et nous, entre la science et nous. Le premier lien conduit à se demander si la science est la connaissance des choses, le deuxième si la science modifie notre rapport aux choses, enfin le troisième si la science ne nous fait connaître que notre rapport aux choses. En d'autres termes, la science étudie-t-elle directement les choses appartenant à une réalité extérieure ou seulement notre rapport à ces choses? Avons-nous accès à des faits indépendants de nous ou Nietzsche a-t-il raison de dire qu'il n'y a pas de faits mais seulement des interprétations[1]?

Le premier questionnement incite à mettre au jour la spécificité du mode de connaissance qu'est la science dans notre manière d'appréhender les choses. La science commence avec l'expérience mais ne dérive pas toute de l'expérience, nous dit Kant dans l'introduction à la *Critique de la raison pure*. La démarche scientifique exige même un effort d'abstraction, d'arrachement du sol empirique pour atteindre à la généralisation, sous forme de lois, des faits observés. Descartes a vivement insisté sur ce travail d'abstraction inhérent à la science. Non, le monde n'est pas tel qu'on le sent, non, la science n'est pas la connaissance des choses telles qu'elles nous apparaissent, mais la connaissance de leur nature requiert une inspection de l'esprit. Opérer le travail d'abstraction nécessaire à la science et à la connaissance de la nature même des choses, c'est donc en premier lieu se détourner du commerce des sens, se détourner de ce qu'on perçoit pour produire l'effort d'entendre, au sens d'entendre raison. Mais est-il si sûr que la science nous fasse connaître la nature même des choses?

Un penseur contemporain de Descartes nous fait douter de ce pouvoir de la science par la théorie de la définition qu'il propose. En

1. Nietzsche, *Fragments posthumes*, trad. fr. J. Hervier, t. XII, 7 [60], p. 304-305 (fragment 481, éd. Kröner), dans *Œuvres philosophiques complètes*, Colli et Montinari (éd.), Paris, Gallimard, 1979: « Contre le positivisme, qui en reste au phénomène, "il n'y a que des faits", j'objecterais: non, justement il n'y a pas de faits, seulement des interprétations [...] ».

effet, Pascal, dans l'*Esprit géométrique*, distingue les termes primitifs et les autres termes composés à partir de ceux-ci. Les termes primitifs sont indéfinissables, tous les autres termes peuvent être définis à une condition, sur laquelle repose toute sa théorie de la définition, à la condition que tous les hommes qui entendent la même langue s'accordent naturellement sur le sens des termes primitifs (condition effective pour qu'ils puissent ensuite s'entendre sur les définitions de termes composés à partir de ceux-ci). Or, selon Pascal, les termes primitifs ne nous font pas connaître la nature même de la chose qu'ils désignent mais le rapport du nom à la chose. Ainsi le terme temps ou le terme étendue ne nous livre pas l'essence du temps ou de l'étendue mais désigne seulement le rapport du nom temps à la chose temps. Cette conception du terme primitif compromet le pouvoir d'un concept à nous livrer l'essence même d'une chose : la science, selon Pascal, ne nous fait pas connaître la nature même des choses mais nous fait uniquement entendre, en toute rigueur, les définitions des termes composés à partir des termes primitifs qui, eux, sont indéfinissables. La méthode géométrique nous permet de démontrer une proposition à condition de mettre la définition à la place du terme défini qu'on emploie uniquement pour abréger le discours. C'est aussi Pascal qui, dans la *Préface au Traité du vide*, insiste sur le caractère historique des faits scientifiques : « Les expériences qui nous en donnent l'intelligence multiplient continuellement; et, comme elles sont les seuls principes de la physique, les conséquences multiplient à proportion »[1]. Par conséquent, les anciens étaient les nouveaux en matière d'observation et d'expérience et on peut donc, sans les contredire, assurer le contraire (il y a du vide dans la nature) de ce qu'ils disaient (la nature a horreur du vide). Comme les expériences ne cessent de nous faire connaître d'autres phénomènes, la connaissance d'une propriété d'une chose est toujours relative voire probable : par exemple, quand on dit que le diamant est le plus dur de tous les corps, il faudrait ajouter, en toute rigueur, de tous les corps jusqu'à présent connus par expérience. Cela signifie que l'induction ne nous fait atteindre qu'une universalité de fait et non pas de droit.

1. Pascal, *Préface au Traité du Vide*, dans *Œuvres complètes*, Paris, Seuil, 1963, p. 231.

Poincaré, dans la *Science et l'hypothèse*, reprend cette conception pascalienne de l'induction physique qu'il distingue du raisonnement par récurrence parfaitement rigoureux qu'est l'induction mathématique. À l'instar de Pascal, il soutient que l'induction physique ne nous fait atteindre que du probable. Dans sa réflexion sur le rôle des mathématiques dans la physique, il souligne que les équations mathématiques expriment des rapports véritables non pas entre les choses mais entre les images des choses par lesquelles nous représentons ces choses. Autrement dit, la science ne nous fait pas connaître les choses ni même les rapports entre les choses mais seulement les rapports que nous avons construits entre les images que nous nous efforçons de mettre à la place des choses. Ces rapports sont véritables à condition que les rapports que nous avons construits entre les images des choses soient les mêmes que ceux qui lient les choses. Il ajoute que la science n'atteint jamais les choses mêmes mais au mieux les rapports entre les choses et qu'en dehors de ces rapports, il n'y a aucune réalité connaissable.

Mais comment être sûr que les rapports que nous avons construits entre les images des choses conviennent aux rapports mêmes des choses? La condition de légitimité du conventionalisme n'est-elle pas trop forte pour être remplie? En outre, ne sommes-nous pas confrontés, par l'énoncé de cette condition, à une régression à l'infini dans l'ajustement des rapports entre les images que nous substituons aux choses et les rapports véritables entre les choses? Cette régression à l'infini n'est-elle pas manifeste dans la succession rectificative des théories scientifiques? Certes Poincaré reconnaît que cette succession ne signifie pas, loin s'en faut, la faillite de la science puisque toutes les équations mathématiques d'une théorie qui cède le pas restent valides dans la théorie qui la remplace. Ainsi la loi de la gravitation universelle ($F = G.m.m'/r^2$ où F désigne la force attractive, G, la constante de gravitation, m et m' les masses des deux corps qui s'attirent et r la distance qui sépare leur centre de gravité) reste valide même si la théorie de la relativité d'Einstein s'est substituée à celle de Newton. Mais cette remarque ne résout pas la question de la régression à l'infini dans la recherche des rapports véritables entre les choses auxquelles on substitue des images.

Ce problème de la régression à l'infini dans la connaissance de notre rapport aux choses est posé avec une acuité particulière par Heisenberg dans sa conférence de 1953 qui a fait date et qui s'intitule : « Le problème de la nature dans la physique contemporaine »[1]. Heisenberg, dans un développement intitulé *L'homme se trouve désormais seul avec lui-même*, a cette formule frappante : « l'homme ne rencontre plus que lui-même »[2].

Heisenberg nous invite, par ce propos, à réfléchir sur une mutation des rapports de la science, des choses et nous. Il y avait un avant, un jadis, où l'Homme rencontrait autre chose que lui-même, qui a fait place à un maintenant où l'Homme ne rencontrerait plus que lui-même. C'est cette mutation qu'il nous faut interroger : est-elle réelle ? Ou est-ce une illusion ? L'Homme a-t-il détruit tout rapport à l'altérité hormis le rapport à son alter ego ? Si le monde est humain, trop humain, quelles en sont les conséquences pour la science, les choses et nous ? Et quels en sont les dangers ? À première vue, la mutation que Heisenberg présente relève de l'évidence. Il est vrai que l'Homme, parce qu'il est un être vivant qui a la spécificité de changer de niche à volonté, est présent partout sur la terre, voire dans les airs, dans les profondeurs de l'océan et même dans la galaxie. Ce qui relève aussi de l'ordre du fait, c'est le rôle dominant de l'Homme dans le monde. L'Homme n'est plus mis en danger par des animaux sauvages qui seraient pour lui des prédateurs mais c'est au contraire l'Homme qui est le plus grand prédateur, toutes espèces confondues. En un autre sens encore, l'Homme ne rencontre plus que lui-même quand il fait le tour du monde. Depuis l'Antarctique où l'on retrouve les traces de la croissance de pollution humaine dans les carottes glaciaires, ou depuis l'Arctique où les Ours Blancs sont menacés de stérilité par la présence trop grande d'éléments de pollution chimique dans leur organisme jusqu'au ciel truffé de satellites et de stations orbitales à l'abandon, l'Homme est partout. C'est donc un fait indéniable que le rapport de l'Homme à la nature a changé. Si, à la naissance de la science

1. Cette conférence est reprise dans *La nature dans la physique contemporaine*, trad. fr. U. Karvelis et A. Leroy, Paris, Gallimard, 1962 ; rééd. 2000, intro. C. Chevalley (nous nous référons à cette dernière édition).

2. *Ibid.*, p. 137.

moderne, l'Homme s'est placé hors de la nature ou au-dessus d'elle pour mieux la connaître et s'en rendre, selon le mot de Descartes, comme maître et possesseur, aujourd'hui, l'humanisation de la nature est achevée dans la mesure où la nature prétendument sauvage ne subsiste plus guère que sous forme de parcs naturels délimités et circonscrits par et pour l'Homme.

Mais c'est encore en un autre sens que le rapport de l'Homme à la nature a changé. Avant, on parlait de lois de la nature que la science avait pour objet de mettre au jour. Aujourd'hui, on sait que les faits scientifiques sont de nature historique, que les théories scientifiques se succèdent et se corrigent les unes les autres. Autrement dit, la science a toujours pour objet de construire des lois mais ces lois ne sont plus référées à la nature mais à la science. La physique n'a plus pour objet la nature mais la connaissance du rapport de l'Homme à des ordres d'expérience construits par lui. C'est ce point, déjà développé par Poincaré dans son conventionalisme, que met en exergue Heisenberg dans sa conférence de 1953.

Réfléchissant sur la nouvelle physique, qu'il a contribué à élaborer, à savoir la mécanique quantique, Heisenberg montre que cette science nouvelle a provoqué un profond changement dans le rapport de l'Homme au monde. C'est l'idée qu'il y a une réalité objective à connaître et à décrire qui s'effondre, c'est l'idée que la mathématisation de la nature peut être achevée dans une intelligibilité intégrale du réel qui est mise à mal et reléguée au rang de fictions intellectuelles. Pourquoi ? Parce que la mécanique quantique met en évidence le fait que les moellons de la matière ne sont pas des choses « objectives » que l'on pourrait situer dans l'espace et le temps et expliquer par des lois causales. La mécanique quantique met en évidence le fait qu'il faut changer les concepts fondamentaux de la physique. Par exemple, on ne peut plus penser une expérimentation sans tenir compte des instruments de mesure ou d'observation car ceux-ci agissent et interagissent avec l'expérimentation en cours sous forme d'événements quantiques. En d'autres termes, il n'y a plus de phénomènes à observer et à décrire mais il y a des événements à prendre en compte comme des résultats du processus d'interaction entre les particules de la matière et le système physique d'observation ou de mesure.

Le constat d'Heisenberg est clair : l'Homme se trouve désormais seul sur la terre. Quelles sont les conséquences, quels sont les dangers d'un tel changement? Heisenberg use d'une métaphore percutante pour nous le faire comprendre. Nous voici embarqués, non dans la tragique condition humaine ballottée entre l'infiniment petit et l'infiniment grand dont parlait Pascal, mais dans un bateau devenu ivre par le développement de la science et de la technique humaine. Tout se passe comme si ce bateau comportait une telle cuirasse de fer et d'acier que les compas du bord n'indiqueraient plus le nord mais le centre de la masse du bateau, ce qui le ferait tourner en rond. Cependant, dit aussi Heisenberg, le danger est à demi écarté dès lors qu'il est connu du capitaine.

On peut se demander si cette conclusion est toujours crédible cinquante ans plus tard. La prise de conscience espérée par Heisenberg de la perte de sens et d'orientation provoquée par la mécanique quantique ne semble guère s'être opérée si l'on en juge par la prédominance du modèle objectiviste en science et la croyance commune en une réalité extérieure à l'Homme. Mais cette prédominance et cette croyance commune ne garantissent-elles pas à l'Homme qu'il n'est pas si seul que le pensait Heisenberg ? N'y a-t-il pas un sens du réel en l'Homme qui résiste à cette idée ?

Si la sonnette d'alarme tirée par Heisenberg a des résonances fortes quand on s'intéresse à la nature, aux méfaits de la pollution industrielle, à la destruction des écosystèmes et à la protection de l'environnement, elle produit beaucoup moins d'effets en ce qui concerne notre sens intime du réel. Pourquoi ? Parce que la mutation concernant la science, les choses et nous, que Heisenberg attribue à la mécanique quantique, avait déjà été pensée par Poincaré et bien avant par Pascal. L'idée que la science ne nous fait pas connaître la nature même des choses mais seulement des rapports entre les noms ou les images que nous mettons à la place des choses n'est pas née avec la mécanique quantique mais avec le refus du réalisme des essences ou des idées prétendument innées et s'est développée avec le conventionalisme.

C'est aussi Poincaré, avant Heisenberg, qui a montré que le déterminisme absolu avait fait long feu et n'était qu'une fiction intellectuelle. C'est, en effet, en travaillant sur un problème, on ne peut plus classique, de la mécanique rationnelle qu'il est parvenu à le démontrer. Ce problème est le problème dit des trois corps : comment prévoir la position respective de trois corps célestes qui sont en interaction (le Soleil, la Terre et la Lune, par exemple)? Poincaré a montré que la question était indécidable car, pour la résoudre, il faudrait connaître la position de chacun des trois corps à l'instant *t* avec tant d'exactitude et de précision qu'il faudrait être muni d'instruments de mesure et d'observation d'une puissance infinie, pour prévoir la position respective des trois corps à l'instant $t + 1$. Et quand bien même on imaginerait être en possession de tels instruments de mesure et d'observation, comme les erreurs de mesure et d'observation sont inhérentes à l'utilisation de tels appareils, ces erreurs, aussi minimes soient-elles au départ, se répercuteraient de manière extrêmement importante dans les calculs, rendant les résultats concernant les positions des trois corps totalement erronés. De cette réflexion est née l'idée que tout déterminisme ne peut être que régional et que ce qui importe en science c'est de déterminer le degré de probabilité d'une cause (problème que Poincaré présente comme le problème central de la science dans son ouvrage *La science et l'hypothèse* publié en 1902).

Or que donne à penser de plus la mécanique quantique? Apparemment, elle va encore plus loin : elle donne à penser un indéterminisme foncier – du moins quand le physicien étudie le comportement individuel d'une particule – de par la discontinuité des phénomènes élémentaires. Cependant, comme ceci n'est guère satisfaisant pour l'esprit, le physicien s'est mis à étudier la répartition statistique de nuages corpusculaires. Bohr a en effet montré que si les atomes de la matière sont dans un état stable, c'est à cause du caractère quantifié des mouvements corpusculaires intra-atomiques. Seuls, en effet, sont stables et réalisés dans la nature les mouvements corpusculaires périodiques qui satisfont à la condition que l'action mécanique évaluée pour une période entière du mouvement soit égale à un multiple de la constante h de Planck. Cette constante se révèle donc jouer le rôle d'un quantum d'action. Bohr a montré qu'il faut employer simultanément l'image des ondes et l'image des corpuscules et que les grandeurs qui servent à définir mathématiquement ces deux images sont reliées les unes aux autres par des relations où figure toujours la constante h. Les ondes permettent de prévoir statistiquement la répartition et le mouvement des corpuscules. Pour être stable, le mouvement d'un corpuscule à petite échelle doit être associé à une onde stationnaire, on obtient alors la relation $h = \lambda.mv$ (λ étant la longueur d'onde associée à un corpuscule de masse m et de vitesse v, et la constante h étant le trait d'union entre l'image des ondes et l'image des corpuscules). L'onde ne représente pas un phénomène physique s'accomplissant dans une région de l'espace, elle est une représentation symbolique de ce que nous savons sur le corpuscule.

Cependant, une expérience ou une observation ne nous permet jamais de dire exactement : tel corpuscule occupe telle position dans l'espace et a telle vitesse et telle direction. Tout ce qu'on sait, c'est que la position et la vitesse du corpuscule sont comprises entre certaines limites, autrement dit qu'il y a telle probabilité pour que le corpuscule ait telle position, et qu'il y a telle autre probabilité pour qu'il ait telle vitesse. Les renseignements que nous apporte une première expérience faite à l'instant t peuvent être représentés symboliquement par une onde dont l'intensité à cet instant t donne en chaque point la probabilité de présence du corpuscule en ce point et dont la composition spectrale donne la probabilité relative des divers états de mouvement. Lorsqu'on étudie l'évolution d'un seul corpuscule, l'onde associée symbolise la probabilité de localisation et la probabilité de l'état dynamique de ce corpuscule ; mais si l'on a affaire à un très grand nombre de corpuscules identiques, l'onde représente alors la répartition statistique de cet ensemble de corpuscules. On comprend ainsi comment l'onde, malgré son caractère symbolique, peut, dans certaines expériences portant sur un grand nombre de corpuscules, apparaître comme *étant* la réalité physique.

En outre, l'indéterminisme de la mécanique quantique ne contamine pas les phénomènes à l'échelle macroscopique : les mouvements des corps célestes nous paraissent toujours régis par la loi de l'attraction universelle. Pourquoi ? Parce que si l'on calcule numériquement, pour les phénomènes macroscopiques dont la mécanique classique rend compte, l'indéterminaton essentielle introduite par la mécanique quantique, on s'aperçoit qu'elle est toujours très inférieure à l'indétermination accidentelle due à l'imprécision des mesures. Dans ces conditions, l'indétermination essentielle est entièrement masquée par les erreurs expérimentales et tout se passe comme si elle n'existait pas.

Pour les phénomènes à l'échelle atomique au contraire, le rôle de l'indétermination essentielle devient si important qu'une description spatio-temporelle des états de mouvement des corpuscules y devient totalement impossible. Car tout dispositif permettant la mesure de la vitesse a pour effet de troubler la position d'une manière inconnue, et cela d'autant plus fortement que cette mesure est précise. Telles sont les relations d'incertitude énoncées par Heisenberg qui ont apporté une caution scientifique à ce qui pouvait d'abord être interprété comme une vue de l'esprit. Heisenberg a montré que pour déterminer la place d'un corpuscule, il faut employer des radiations de faible longueur d'onde donc de grande énergie et que ces radiations déplacent le corpuscule en question. Ainsi l'appareil de mesure modifie le phénomène étudié et l'altération n'est pas négligeable. L'idée que les atomes représenteraient la réalité objective a dû céder la place à une interprétation plus complexe des particules élémentaires. On sait à présent que si l'on veut se faire une image de leur nature, on ne peut plus faire abstraction des processus d'observation et de mesure qui nous permettent de décrire le comportement des particules. Les lois de la mécanique quantique sont des lois qui ont pour objet l'interaction entre le système de mesure et les particules élémentaires.

La constante h est en quelque sorte la borne qui marque la limite du déterminisme car la relation où elle est introduite $h = \lambda.mv$ montre l'impossibilité de connaître simultanément avec précision la position et le mouvement d'un corpuscule. La constante h traduit l'existence d'une sorte d'atomicité de l'action mécanique. Le quantum d'action $h = \lambda.mv$ a les dimensions d'une quantité de mouvement mv multipliée par une longueur λ. L'action est donc une grandeur qui dépend à la fois de la configuration du système (λ longueur de l'onde) et de son état dynamique (mv). D'où la conséquence fondamentale dont les relations d'incertitude de Heisenberg ne sont qu'un aspect : l'existence de h exprime l'impossibilité de considérer séparément la configuration d'un système et son état de mouvement, ce qui veut dire qu'on ne peut plus séparer le géométrique et le dynamique. Il y a deux faces complémentaires de la réalité : la localisation dans l'espace-temps et la spécification dynamique par énergie et quantité de mouvement.

On ne peut donc plus affirmer que la nature est régie par un déterminisme rigoureux même si les lois de la mécanique classique continuent à être opératoires à l'échelle macroscopique. Le déterminisme de la mécanique classique est mis à mal parce qu'est mis à mal son fondement, à savoir la possibilité de déterminer simultanément la position et la vitesse initiales d'un corpuscule. Dans la mécanique classique, on considère en effet la matière comme formée de corpuscules rigoureusement ponctuels. Puis, pour permettre aux corpuscules d'agir et de réagir les uns sur les autres, on admet qu'ils sont des centres de forces et qu'à distance ils se repoussent ou s'attirent mutuellement : tout se passe comme si, dit Newton, la masse de la Terre ou d'un corps en général était concentrée en son centre. On voit ainsi comment Newton a pu construire l'image de la masse de la Terre en un point qu'il appelle centre de masse. Il stipule ainsi que le mouvement du centre de masse est celui d'un objet ponctuel auquel serait affectée la masse entière du solide. Cela permet de passer de la dynamique des corps à la dynamique des points sans jamais se poser la question du « milieu qui passe librement entre les parties du corps » [1]. Cependant, cette question du milieu au sein d'un corps travaille Newton puisqu'il la reprend dans le dernier paragraphe du Scholie général qu'il ajoute à la 2e édition des *Principia* en 1713 et qui lui sert de conclusion :

> Ce serait ici le lieu d'ajouter quelque chose sur cette espèce d'esprit très subtil qui pénètre à travers tous les corps solides, et qui est caché dans leur substance ; c'est par la force, et l'action de cet esprit que les particules des corps s'attirent mutuellement aux plus petites distances, et qu'elles cohèrent lorsqu'elles sont contiguës. [...] Mais ces choses ne peuvent s'expliquer en peu de mots ; et on n'a pas fait encore un nombre

1. Newton, *Principes mathématiques de la philosophie naturelle*, trad. fr. Madame du Châtelet, Paris, 1756-1759, réimp. Paris, Jacques Gabay, 1990, t. I, p. 1-2 ; Définition première : « La quantité de matière se mesure par la densité et le volume pris ensemble. [...] *Je ne fais point attention ici au milieu* qui passe librement entre les parties du corps, supposé qu'un tel milieu existe. Je désigne la quantité de matière par les mots de corps ou de masse [...] » (nous soulignons).

> suffisant d'expériences pour pouvoir déterminer exactement les lois selon lesquelles agit cet esprit universel [1].

Cette question du milieu ou de l'esprit très subtil deviendra celle de la structure interne de la matière. Et si l'on prend au sérieux ce problème et toutes les difficultés qui y sont relatives, ce que fait la mécanique quantique, alors on est conduit à constater qu'on ne peut déterminer simultanément la position et la vitesse d'un point qui représenterait un corpuscule et qu'il n'y a plus de lois rigoureuses mais seulement des lois probabilitaires concernant la répartition et la dynamique statistiques des corpuscules.

Cependant, même si ces lois sont probabilitaires, ce sont des *lois* quand même, ce qui veut dire aussi que les relations d'incertitude de Heisenberg sont des relations *certaines* qui permettent de calculer l'incertitude ou le degré de probabilité de présence et de vitesse des nuages corpusculaires. Et de même qu'on n'a pas attendu la mécanique quantique pour remettre en question le déterminisme (le problème des trois corps y avait suffi), de même on n'a pas attendu la mécanique quantique pour concevoir que la loi, telle que la comprend réellement la science, est une construction idéale et une image, formée par notre entendement, de l'ordonnance de la nature. La loi ne saurait donc exprimer directement la réalité ni lui être parfaitement adéquate. La loi n'existait pas avant que nous ne l'ayons formulée et devra être supprimée ou réinterprétée, à son échelle, quand la théorie dans laquelle elle fait sens sera remplacée par une théorie plus générale.

Supposer qu'une règle empirique conçue par l'homme ne sera plus modifiée dans l'avenir, c'est affirmer avec beaucoup de suffisance que la règle construite par l'homme existe objectivement dans la nature. Cette suffisance est autorisée à l'âge classique par le fondement de la science en Dieu mais aujourd'hui que la science a intégré les principes métaphysiques [2] dans son architectonique, elle ne peut

1. Newton, *Principes mathématiques de la philosophie naturelle*, *op. cit.*, t. II, p. 179-180.

2. Par principes métaphysiques, nous entendons ici les postulats qui répondent sans doute à des tendances de l'esprit et qui président à la double opération de l'activité scientifique, à savoir estimer et choisir. Tels sont par exemple le principe d'économie, le

plus se permettre de telles conceptions. Mais ce qu'elle ne peut plus faire lui confère de l'avenir. La science a de l'avenir car elle est vouée à la régression à l'infini dans la recherche de l'adéquation entre les lois, c'est-à-dire les images qu'elle produit de l'ordonnance de la réalité et la réalité même. C'est cette même régression à l'infini que Poincaré exprimait en disant que le savant s'efforce de faire convenir ou d'ajuster les rapports qu'il construit entre les images qu'il met à la place des choses, aux rapports véritables entre les choses. À l'instar de la philosophie, la science a de l'avenir car cette recherche de l'adéquation entre les lois et la réalité n'est rien d'autre qu'une recherche de la vérité.

Nous sommes ici bien loin de tirer, de l'énoncé des relations d'incertitude de Heisenberg et de ce que donne à penser Poincaré puis la mécanique quantique, des conséquences « postmodernes » visant à la « déconstruction » de la science. Car d'aucuns ont tôt fait d'interpréter les relations d'incertitude de Heisenberg dans une perspective nihiliste ou relativiste : rechercher la vérité est une entreprise vaine puisque la physique repose sur un indéterminisme foncier. En outre, la succession des théories scientifiques prouve suffisamment que tout est relatif, y compris ce qu'on considère comme vrai à un moment donné du savoir. De là à penser que le vrai est une construction communautaire décidée par un groupe déterminé socialement, comme par exemple la communauté de savants, il n'y a qu'un pas que certains fanatiques parmi les tenants des *social studies* ont vite franchi en avançant la thèse que la sociologie de la connaissance serait mieux placée pour dire la vérité de la science que la science ne l'est pour dire la vérité du monde.

Ce sont souvent les mêmes qui soutiennent, éventuellement en se référant à un Nietzsche lu à la lumière du nihilisme, que la science n'est pas une recherche de la vérité mais une simple interprétation qui fait passer un simple accord intersubjectif de quelques-uns pour l'objectivité. Ils reprennent aussi volontiers la vulgate bergsonnienne selon laquelle la science, loin d'être une activité désintéressée, ne répondrait qu'à des besoins ou encore à des pulsions de domination.

principe de simplicité, le principe d'uniformité qui se décline en postulat d'uniformité du cours de la nature, ou de la nature du temps, etc.

Cette déconsidération de la finalité de la science les autorise à réduire l'histoire des sciences à l'histoire des Institutions comme, par exemple, la *Royal Society* ou l'Académie des Sciences de Paris, à ne s'intéresser qu'aux « réseaux décideurs » et à ne jamais lire ni chercher à comprendre le contenu conceptuel d'un mémoire ou d'un traité scientifique.

Que l'on puisse éclairer la généalogie d'une découverte scientifique par la prise en compte de son contexte historique, social et institutionnel, est indéniable et peut donner lieu à des investigations intéressantes. Mais que l'on dresse la sociologie de la connaissance ou la conception nihiliste ou relativiste des sciences comme un rempart de la paresse est bien plus discutable. À ces interprètes des sciences, Voltaire objecterait :

> Quelques personnes d'esprit [...] donnent pour excuse de leur paresse, que ce n'est pas la peine de s'attacher à un système qui passera comme nos modes ; ils ont ouï dire que l'école ionique a combattu l'école de Pythagore, que Platon a été opposé à Épicure, qu'Aristote a abandonné Platon, que Bacon, Galilée, Descartes, Boyle, ont fait tomber Aristote ; que Descartes a disparu à son tour, et ils concluent qu'il viendra un temps où Newton subira la même destinée. [...] C'est comme si on disait que les démonstrations d'Archimède passeront de mode un jour [1].

Voltaire a raison : tout ce qui est de l'ordre des mathématiques ou de la physique mathématique, comme les propositions des équipondérants d'Archimède ou la loi de l'attraction de Newton, perdure malgré l'avènement des géométries non euclidiennes ou de la théorie de la relativité. L'historicité concerne principalement les théories scientifiques et non pas l'équation mathématique relative à telle loi qui s'intègre dans telle théorie car si une nouvelle théorie s'impose, l'équation mathématique reste vraie mais la loi qu'elle exprime est à réinscrire et à réinterpréter dans la nouvelle théorie.

Mais est-il si sûr que la science soit une recherche de la vérité et non une entreprise soumise à la loi du plus fort ? Si l'on pose la

1. Lettre de Voltaire à Maupertuis de 1739, dans Voltaire, *Œuvres complètes*, t. XV, *Éléments de la philosophie de Newton*, R.L. Walters and W.H. Barber (ed.), Oxford, The Voltaire Foundation Taylor Institution, 1992, p. 709-710.

question à Voltaire, la réponse sonne clair : la science n'est pas une entreprise soumise à la loi du plus fort qu'il soit Anglais ou Français. Il s'inscrit contre une conception nationalisante de la vérité. À plusieurs reprises, il se défend d'être un mauvais citoyen français pour avoir écrit les *Éléments de la philosophie de Newton* qui soutiennent Newton, un Anglais, contre Descartes, un Français[1]. Dans la lettre à Maupertuis de 1739, Voltaire écrit : « Il ne s'agit point de combattre pour un Anglais contre un Français. [...] Il n'appartient pas à ce siècle éclairé de suivre tel ou tel philosophe ; il n'y a plus de fondateur de secte, l'unique fondateur est une démonstration »[2]. La science est une recherche de la vérité parce qu'elle porte en elle l'exigence de l'universel et fait triompher la vérité au-delà des frontières et œuvre ainsi à la liberté de penser.

Mais cette réponse n'est-elle pas trop corrélée au siècle des Lumières ? L'École de Francfort[3] n'a-t-elle pas développé la thèse que les Lumières ont provoqué la naissance de systèmes d'oppression sans précédent. Cette thématique reprise couramment dans la critique contemporaine n'a-t-elle pas conduit à accuser les Lumières de tous les maux : elles auraient engendré le totalitarisme du progrès et de la raison[4]. Nous n'adhérons pas à cette lecture des Lumières que nous jugeons entièrement biaisée par le laminage positiviste et scientiste du XIXe siècle. En effet, les encyclopédistes sont loin d'être des chantres du progrès. D'Alembert, dans le *Discours Préliminaire de l'Encyclopédie*[5], déclare : « la barbarie dure des siècles, il semble que ce soit notre élément, la raison et le bon goût ne font que passer ». Et ce

1. J. Banières, *Examen et réfutation des* Éléments de la philosophie de Newton *de M. de Voltaire*, Paris, 1739, p. 120-121, avait reproché à Voltaire de pécher contre sa patrie.

2. Lettre de Voltaire à Maupertuis de 1739, dans *Éléments de la philosophie de Newton*, *op. cit.*, p. 698.

3. En particulier Horkheimer et Adorno.

4. Dans l'exposition du Louvre *La Peinture comme crime* (2001-2002), cette accusation était poussée à son paroxysme puisqu'un rapprochement était proposé entre les Lumières et des images des camps de concentration.

5. Voir *Discours Préliminaire de l'Encyclopédie* (1763), 3e éd. Paris, Vrin, 1984, p. 124.

propos prend une importance d'autant plus vive qu'il se situe dans la préface de l'*Encyclopédie* et qu'il donne le ton à l'ouvrage.

Cette lecture qui ferait des Lumières les prêtres du culte du progrès est aussi erronée que celle qui dresse le portrait de Nietzsche en habit de nihiliste. En effet, si Nietzsche a bien déclaré qu'il n'y a pas de faits mais seulement des interprétations, rien n'autorise à faire de ce propos une preuve de son nihilisme car cette déclaration est à lire comme une réaction au positivisme : « *Contre le positivisme*, qui en reste au phénomène, "il n'y a que des faits", *j'objecterais* : non, justement il n'y a pas de faits, seulement des interprétations [...] »[1]. Nietzsche vise ici à dénoncer l'erreur du positivisme qui prétend qu'aucune interprétation ne serait nécessaire parce que la science des faits généraux irait de soi. Effectivement, Nietzsche a raison : une science sans interprétation théorique n'est rien sinon, tout au plus, un recueil de faits. Mais qui dit interprétation théorique dit interprétation problématique en concurrence avec d'autres théories scientifiques qui ont, elles aussi, risqué une interprétation. Un bon exemple de cette concurrence d'interprétations théoriques est manifeste au XVIIe siècle quand les trois systèmes astronomiques de Ptolémée, de Tycho-Brahé et de Copernic sont enseignés[2].

Or, précisément, toute la richesse spéculative et philosophique de la science se joue dans cette partie qui n'oppose pas deux ou trois joueurs ou volontés d'en imposer mais qui a maille à partir avec quelque chose qui dépasse les personnes et même qui résiste à l'humain. Car le crédit qu'on accorde à la science tient au fait qu'elle tend à pointer ce qui est sujet à caution et non à refuser de le voir. Certes, dans un premier temps, on peut, comme de grands astronomes aristotéliciens l'ont fait au Moyen Âge, mettre sur le compte des erreurs d'observation le constat que les comètes, après être entrées dans notre ciel, semblent poursuivre leur trajectoire au-delà de la Lune, ce qui mettait en question la scission cosmologique que proposait

1. Nietzsche, *Fragments posthumes*, *op. cit.*, t. XII, 7 [60], p. 304-305 (fragment 481). Nous soulignons le texte.

2. Voir, sur ce point, Descartes, *Principes de la philosophie*, III, 16-19, dans *Œuvres* (1897-1909), Ch. Adam et P. Tannery (éd.), 11 tomes, Paris, CNRS-Vrin, 1964-1974, rééd. 1996, t. IX, p. 108-110.

Aristote entre le monde sublunaire et le monde supralunaire. Quand on est instruit d'un système du monde et donc d'une interprétation, on court le danger, il est vrai, d'être contaminé par l'idéologie qui se développe autour de cette interprétation[1] mais, tôt ou tard, les questions sont plus fortes que l'habituelle réponse théorique qui les fait taire, et rendent nécessaire une nouvelle interprétation.

La science, en ce sens, est régie par ce que Nietzsche appelle « la volonté de vérité à tout prix »[2]. Elle est régie par la croyance métaphysique qu'il y a quelque chose qui résiste à l'humain, quelque chose qu'on pourrait aussi appeler le sens du réel ou l'exigence absolue de vérité. Ce que Nietzsche entend par vérité continue de faire l'objet de débats complexes dans lesquels nous ne prétendons pas entrer, mais il est certain, à le bien lire, que la volonté de vérité n'est pas inféodée à un quelconque calcul d'intérêt. Ce n'est pas par pragmatisme que la science s'engage dans la recherche de la vérité car « l'inutilité et le danger de la "volonté de vérité", de la "vérité à tout prix" sont constamment démontrés »[3]. Nietzsche dit cela dans le paragraphe 344 du *Gai Savoir* qu'il intitule *Dans quel sens aussi nous sommes encore pieux*, texte qui suffirait à ruiner définitivement toute lecture nihiliste de Nietzsche. En effet, la fin du paragraphe est sans ambiguïté sur l'engagement de Nietzsche dans cette exigence de vérité qui fait fond sur ce que les Grecs nous ont appris de plus précieux :

> Mais l'on aura déjà compris à quoi j'en veux venir, à savoir que c'est encore et toujours une *croyance métaphysique* sur quoi repose notre croyance en la science – et que nous autres qui cherchons aujourd'hui la connaissance, nous autres sans dieu et antimétaphysiciens, nous puisons encore *notre* feu à l'incendie qu'une croyance millénaire a enflammé, cette croyance chrétienne qui était aussi celle de Platon, que Dieu est la vérité, que la vérité est divine[4].

1. Ce que Kuhn appelle la *science normale*, dans *La structure des révolutions scientifiques*, trad. fr. L. Meyer, Paris, Flammarion, 1962, 1970.

2. *Le Gai Savoir*, § 344, trad. fr. P. Klossowski, dans *Œuvres philosophiques complètes*, t. V., Paris, Gallimard, 1982.

3. *Ibid.*

4. *Ibid.*

Cet incendie auquel nous puisons notre feu, c'est encore ce que Nietzsche appelle le sens des réalités, l'ultime et le plus précieux de tous les sens :

> Toutes les conditions nécessaires à une civilisation savante, toutes les *méthodes* scientifiques étaient déjà là, on avait découvert les règles du grand art, l'art incomparable de bien lire – cette condition d'une tradition dans la culture, de l'unité de la science; la science de la nature, associée à la mathématique et à la mécanique, était sur la meilleure voie – *le sens des réalités*, l'ultime et le plus précieux de tous les sens, avait ses écoles, sa tradition déjà plusieurs fois séculaire ! [1].

Nietzsche insiste ici sur l'essentiel pour lire le sens des réalités, à savoir les méthodes et, plus particulièrement, les méthodes scientifiques.

Cette fonction des méthodes scientifiques qui donne à lire le sens du réel est également soulignée, dans un tout autre contexte, par Primo Levi. Ce dernier raconte pourquoi, en 1939, il considérait les études de physique et de chimie comme un antidote au fascisme parce qu'« elles étaient claires et distinctes, vérifiables à chaque étape, et non tissues de mensonges et de vanité comme la radio et les journaux »[2]. En étudiant la physique et la chimie, Levi se sentait libre non pas au sens où rien ne lui faisait obstacle (que serait la recherche scientifique si les solutions à un problème apparaissaient toute faites ?) mais au sens où son esprit, en quête de découverte scientifique, n'était pas soumis au bon vouloir d'un autre. Son expérience de la forme primordiale de la liberté dans ses études scientifiques était due au fait que les difficultés et les obstacles qu'il rencontrait n'étaient pas le produit d'une volonté étrangère et qu'il n'y avait aucune négociation possible à mener avec un tel ou un tel ni aucune stratégie pour les éviter. Or être libre, dans le sens le plus simple, le plus clair et le plus classique du terme, ne veut-il pas dire ne pas être soumis au bon vouloir d'un autre ? Comme Primo Levi le dit lui-même, en science on attache une telle importance aux résultats expérimentaux qu'on comprend avec une force particulière

1. *Antéchrist*, § 59, trad. fr. J.-C. Hémery, dans *Œuvres philosophiques complètes*, t. VIII, Paris, Gallimard, 1974.

2. P. Levi, *Le système périodique*, trad. fr. A. Maugé, Paris, Albin Michel, 1987, p. 55.

qu'on livre un combat contre quelque chose qui est différent de soi-même. Le sentiment de liberté qu'éprouvait Primo Levi en 1939 en faisant de la physique ou de la chimie vient de cette chose extrêmement simple, à savoir que les régularités de la nature ne sont pas régies par un pouvoir humain quelconque. Autrement dit, elles ne sont pas manipulables à volonté et les lois scientifiques qui expriment ces régularités constituent les connaissances « non manipulables » d'un individu.

On touche ici à la spécificité de l'interprétation que propose la science. Celle-ci, rappelons-le, vise à ajuster, le mieux possible, dans un procès sans fin, les rapports entre les images que nous mettons à la place des choses, aux rapports véritables entre les choses. Or les contraintes par lesquelles la formulation d'une théorie scientifique est régie sont tellement fortes qu'elles donnent prise à un sens du réel qui peut être conçu comme une force de résistance.

Cette force de résistance est parfaitement représentée dans les scènes entre Winston et O'Brien, les personnages de *1984*. Orwell fait en effet monter à son paroxysme la tension entre ce qu'un homme connaît comme scientifiquement vrai et ce qu'on cherche à lui faire croire et reconnaître comme vrai. O'Brien, le chef du Parti tortionnaire, va exercer son pouvoir sur Winston en lui imposant de dire des choses fausses. Se rejoue ici en quelque sorte le procès de Galilée mais hypertrophié parce que revu et corrigé sous l'œil de Big Brother.

Winston est un résistant, il tient un journal et sur ce journal il note : « La liberté, c'est la liberté de dire que deux et deux font quatre. Lorsque cela est accordé, le reste suit »[1]. Ce qui importe, c'est le droit de dire ce qu'on sait être vrai. En ce sens, les Inquisiteurs savaient ce qu'ils faisaient quand, suite à la rétractation de Galilée devant le tribunal du Saint-Office, ils le laissèrent en vie mais en résidence surveillée avec interdiction d'enseigner, de recevoir du courrier ou d'en envoyer. Galilée a été condamné en 1633 et a vécu bâillonné jusqu'en 1642 : aux yeux de l'Inquisition, il ne représentait plus aucun danger. On comprend alors à quel point la liberté de penser la vérité c'est essentiellement la liberté de pouvoir la partager.

1. G. Orwell, *1984*, trad. fr. A. Audiberti, Paris, Gallimard, 1950, p. 112.

C'est exactement ce que signifie l'acte de résistance de Winston quand il tient son journal : il écrit pour être lu, pour partager ce qu'il sait être vrai indépendamment de toute propagande et de toute manipulation. Et, précisément, ce qui n'est pas manipulable, pour Winston, c'est la culture scientifique, c'est la connaissance acquise par voie de preuve et de démonstration. Ce qui n'est pas manipulable, pour Winston, c'est de dire que deux et deux font quatre tout comme pour Galilée, c'est de dire que la Terre tourne. Orwell va même jusqu'à soutenir, dans son roman, que la simple liberté intérieure n'est pas la vraie liberté parce que ce qu'on pense sans avoir le droit de le dire peut relever de l'illusion.

C'est, face à cette question du sens du réel et de la force de résistance qui lui est inhérente, que prend tout son sens la scène terrible imaginée par Orwell quand le chef du Parti, O'Brien, force Winston par la torture à dire que deux et deux font cinq. Winston finit par le dire, mais le dit-il comme il dirait ce qu'il sait être vrai ? Non, la torture ne produit aucune conviction ni aucune connaissance, la torture produit de la souffrance, de l'humiliation, de la haine et une perte d'identité. Car, c'est bien cela que veut O'Brien, il veut briser Winston dans son identité la plus forte, celle qui le fait résister au laminoir totalitaire de Big Brother, celle qui le fait tenir un journal, celle qui maintient en lui le désir de dire la vérité qu'il appelle la liberté. C'est ce désir-là que O'Brien veut anéantir. Or ce désir, Winston l'a maintenu en lui par les connaissances scientifiques qu'il a acquises en même temps qu'il a acquis le sens du réel, un réel différent de soi, un réel dont il connaît la force de résistance à l'humain trop humain, à l'humain inhumain. Dans ce monde de surveillance et de tromperie permanente, dans ce monde révisionniste où l'histoire est sans cesse corrigée pour donner raison à Big Brother et rectifier ses prédictions erronées, la seule force de résister à la perte d'identité et de sens est la force d'écrire clandestinement un journal et de dire que deux et deux font quatre ou que la Terre tourne.

Cette histoire cauchemardesque de Winston et le témoignage de Primo Levi rejoignent la réponse de Voltaire à la question : Pourquoi considérer la science comme autre chose qu'une entreprise soumise à la loi du plus fort ? Pourquoi ? Pour vivre sur fond de vérité et non de mensonge, pour construire un sens du réel qui soit universel et partageable. Ce sens du réel, il importe en effet de le mettre en commun précisément parce qu'il est irréductible à l'Homme et à ses limites représentées, dans les exemples précédents, par une conception religieuse ou nationalisante de la vérité ou par une idéologie totalitaire perverse et destructrice. Car, au fond, ce que nous apprennent tour à tour Galilée, Voltaire, Nietzsche, Primo Levi ou Orwell *via* son personnage de Winston, c'est que le plus précieux en l'Homme est d'avoir le désir de la vérité à tout prix, d'avoir le désir d'atteindre ce qui est vrai et de le dire.

Et ce plus précieux est *à tout prix*, même au prix fort de l'aveu que la science repose sur une croyance métaphysique pour se mettre au travail. Cette croyance est celle qui lui fait intégrer, au fondement de son activité, des principes métaphysiques (d'économie, de simplicité, d'uniformité), des axiomes, des postulats, de l'indémontrable en un mot, pour produire ses démonstrations et ses interprétations théoriques. Ces principes ou postulats permettent aux savants d'estimer et de choisir. En quel sens ? Si l'on considère, par exemple, les principes d'économie et de simplicité, leur fonction est de déterminer la probabilité des hypothèses [1]. Comment sont-ils utilisés ?

Imaginons qu'un savant ait dressé un tableau d'observations de deux variables x et y représentant les deux paramètres principaux d'un problème (sont déjà à l'œuvre, ici, les principes d'économie et de simplicité : pour résoudre un problème, on ne prend pas en compte les paramètres dits négligeables, on réduit le problème à l'étude de deux paramètres principaux). Le savant, face à ce tableau, doit l'interpréter : soit l'observation de n valeurs de x et les valeurs correspondantes de y; il constate que le rapport des premières aux secondes est à peu près constant. Surgit alors la question : est-ce probable qu'il y ait une loi générale d'après laquelle y serait proportionnel à x et que les petits écarts où x et y ne rentrent pas dans cette proportion soient dus à des erreurs d'observation ? Il suppose que oui et veut déterminer cette loi (et il suppose aussi que cette loi, une fois construite, pourra être représentée par une courbe). Il traduit les n valeurs de x et y en points : pour ce faire, il construit un tableau à deux colonnes qu'il transcrit en

1. Problème, rappelons-le, que Poincaré juge essentiel.

deux axes de coordonnées, les x en abscisses, les y en ordonnées, il obtient ainsi un nuage de points qu'il cherche à relier dans la courbe la plus simple ou la plus probable : c'est l'étape de la généralisation qui comporte un risque double puisque la courbe qu'il trace comporte une multitude de points qui ne correspondent à aucune observation réellement effectuée (points d'expérience de pensée) et qu'elle ne passe par certains points qui correspondent pourtant à des expérimentations réelles mais qu'il relègue, *parce qu'ils sont trop éloignés de la courbe imaginée*, au rang des erreurs d'observation. Le risque est double parce que le savant, en traçant la courbe, rend ainsi des points virtuels réels et déclasse certains points « réels » qu'il juge erronés et qu'il tient pour des points par lesquels la courbe n'a pas à passer. Et ce risque, il le prend uniquement sous l'égide des principes d'économie et de simplicité car il pourrait toujours imaginer une courbe beaucoup plus complexe qui passerait par tous les points « réels ».

Reste la difficulté de donner à cette courbe une signification mathématique, autrement dit reste à trouver la loi ou le concept de la courbe ou encore la fonction mathématique qui la caractérise. Cette étape est celle de l'invention du concept ou de la loi par le décryptage de la courbe. Jusqu'au XIXe siècle, les scientifiques considéraient une loi simple comme plus probable qu'une loi compliquée. Aujourd'hui, ils considèrent *a priori* une loi représentée par une fonction continue (ou par une fonction dont les dérivées d'ordre élevé sont petites) comme plus probable qu'une loi ne satisfaisant pas à ces conditions, ce qui signifie que les principes d'économie et de simplicité s'appliquent avant tout à l'effort de conceptualisation, qui décide du choix d'une courbe qui ne soit pas trop complexe.

Retrouverait-on, au fin fond de la science, l'argument paresseux ? Non, parce que si la science vise la simplicité, elle découvre souvent que la simplicité de la loi ou des images qu'elle a construites n'est qu'apparente et dissimule des réalités extrêmement compliquées. Au fin fond de la science, on puise plutôt la conviction métaphysique que notre esprit doit avoir maille à partir avec la réalité qui certes lui résiste mais qui lui offre prise et sens, même si c'est par l'indication que les avenues qu'on avait choisi de laisser inexplorées sont celles qui ont de l'avenir. Ainsi l'avenue de la structure de la matière que Newton avait choisi de ne pas emprunter en laissant de côté la question du « milieu qui passe librement entre les parties du corps »[1] s'est révélée extrêmement féconde théoriquement. Mais, en même temps, la simplicité de la dynamique du point ou du centre de masse s'est avérée seulement apparente et la belle régularité des lois de la mécanique classique a dû trouver une nouvelle configuration dans les deux nouvelles théories physiques qui l'enserrent, à savoir la théorie de la relativité et la mécanique quantique.

S'il est vrai qu'en science, on laisse souvent des avenues inexplorées, cela signifie aussi que souvent on ne sait pas exactement quelles avenues sont restées inexplorées. À l'instar de la théologie négative qui n'est pas négatrice de Dieu mais qui se présente au contraire comme l'expression authentique du croyant face à Dieu, l'épistémologie elle aussi peut se concevoir comme négative, ce qui ne veut pas dire que la science est négatrice de la vérité mais qu'elle est, au contraire, une quête d'autant plus authentique de la vérité qu'elle fait fond sur un scepticisme qui doit accompagner tout le processus de la preuve ou de la démonstration (un savant ne peut éliminer ce qui le contrarie puisque la reconnaissance qu'il attend de sa découverte dépend de sa reproductibilité par d'autres personnes). La science exige qu'on porte en effet le doute jusqu'aux derniers retranchements de « ce qu'il faut démontrer » ou de ce qu'on cherche à prouver. Car, pour être parfaitement instituée, la preuve ou la démonstration doit être « corroborée ». Ce sont toutes ces contraintes qui enracinent profondément cette quête de la vérité qu'est la science dans un sens des réalités dont les Grecs ont réuni les conditions méthodologiques de construction. Ce sont toutes ces contraintes de corroboration qui font de la science une interprétation à part.

Véronique LE RU

1. Newton, *Principes mathématiques de la philosophie naturelle*, *op. cit.*, t. I, p. 1.

INDEX THÉMATIQUE

PRÉSENTATION DES AUTEURS

Christian BERNER : maître de conférences HDR à l'Université de Lille III et membre de l'UMR 8163 « Savoirs, textes, langage » (CNRS), est notamment l'auteur de *La philosophie de Schleiermacher. Herméneutique, dialectique, éthique* (Paris, Le Cerf, 1995), de *Qu'est-ce qu'une conception du monde ?* (Paris, Vrin, 2006) et de *Au détour du sens. Perspectives d'une philosophie herméneutique* (Paris, Le Cerf, 2007). De Schleiermacher, il a traduit l'*Herméneutique* (Paris, Le Cerf, 1989), la *Dialectique* (en collaboration avec D. Thouard, Paris, Le Cerf, 1997), *Des différentes méthodes du traduire et autres textes* (en collaboration avec A. Berman, Paris, Seuil, 1999) l'*Éthique* (Paris, Le Cerf, 2003) et l'*Esthétique* (Paris, Le Cerf, 2004, en collaboration avec E. Décultot, M.B. de Launay et D. Thouard).

Céline DENAT : Agrégée et docteur en philosophie, Maître de Conférences à l'Université de Reims, coordinatrice du Groupe International de Recherche sur Nietzsche (GIRN). Elle est l'auteur d'une thèse intitulée « Histoire et interprétation du corps dans la philosophie de Nietzsche. La recherche d'un "fil conducteur" de la pensée nietzschéenne », dont la publication est à venir, ainsi que de plusieurs études consacrées à la philosophie de Nietzsche, à la question de la méthode inhérente à cette pensée, et dans cette perspective à son usage des notions d'interprétation et d'image (« Par-delà l'iconoclasme et l'idolâtrie : la notion d'image dans les textes de Nietzsche », *Nietzsche-Studien*, Band 35, 2006), à sa réflexion sur l'histoire (« Nietzsche, penseur de l'histoire ? Du problème du sens historique à l'exigence généalogique », *Cadernos Nietzsche*, n° 24, Octobre 2008), ainsi que sur l'importance de la relation de Nietzsche à la philosophie grecque antique (« Nietzsche et "les Grecs" dans le *Gai Savoir*. La diversité comme "signe élevé de culture" », dans *Lectures du Gai Savoir*, Pise, ETS, 2010).

Véronique LE RU : ancienne élève de l'École Normale Supérieure de Fontenay-St Cloud, maître de conférences HDR à l'Université de Reims. Auteur de *Jean le Rond d'Alembert philosophe* (Paris, Vrin, 1994), *La crise de la substance et de la causalité – des petits écarts cartésiens au grand écart occasionaliste* (Paris, CNRS Éditions, 2003), *Voltaire newtonien* (Paris, Vuibert-Adapt, 2005), ainsi que de plusieurs articles consacrés à Diderot et au cartésianisme.

Stéphane MARCHAND : agrégé et docteur de philosophie. Sa thèse de doctorat *Identité philosophique et évolution historique du pyrrhonisme ancien* a été soutenue en 2008. Ses recherches portent sur l'histoire du scepticisme antique ainsi que sur l'ensemble des questions ouvertes par le scepticisme en philosophie.

Emmanuel SALANSKIS : ancien élève de l'École Normale Supérieure, agrégé de philosophie, après avoir été AMN à l'Université de Reims, il achève actuellement une thèse consacrée à la pensée de Nietzsche : « Nietzsche ou la quête d'un façonnement profond : de l'éducation à l'élevage ».

Ariel SUHAMY : ancien élève de l'École Normale Supérieure, docteur en philosophie, anime au Collège de France la revue en ligne *La Vie des idées*. Il dirige avec Chantal Jaquet et Pascal Sévérac le séminaire *Spinoza* à Paris I – Sorbonne, quatre volumes collectifs en sont issus. Sur Spinoza encore il a publié notamment *Spinoza par les bêtes* (Paris, Ollendorff, 2008) ; *La communication du bien chez Spinoza* (Paris, Garnier, 2010).

Isabel WEISS : agrégée et docteur en philosophie, elle enseigne actuellement en classes préparatoires. Ses travaux portent essentiellement sur les philosophies du sens et de la compréhension, et plus spécialement sur l'herméneutique et la pensée de Hegel. Elle a publié, entre autres, *L'interprétation* (Paris, Ellipses, 2002), *Expression et spéculation dans l'idéalisme hégélien* (Paris, L'Harmattan, 2003), ainsi que *Gadamer* (Paris, Vrin, 2010).

TABLE DES MATIÈRES

Achevé d'imprimer par Corlet, Imprimeur, S.A. - 14110 Condé-sur-Noireau
N° d'Imprimeur : 132815 - Dépôt légal : octobre 2010 - *Imprimé en France*